MÉMOIRES
SUR
LA VIE ET LES OUVRAGES
DE
M. TURGOT,
MINISTRE D'ÉTAT.
PREMIERE PARTIE.

Nouvelle Edition revue & corrigée avec ſoin.

> Le germe le plus fécond des Grands-Hommes à naître, est dans la justice rendue à la mémoire des Grands-Hommes qui ne sont plus.

Par M. Dupont

PHILADELPHIE.

1788.

AVIS DE L'ÉDITEUR.

CES Mémoires ont été rédigés pour servir de matériaux à l'Eloge historique de M. Turgot, que M. Du Puy a prononcé, en 1781, dans la Séance de rentrée de l'Académie des Inscriptions & Belles-Lettres. Les formes oratoires, & les bornes prescrites à son travail, ayant forcé cet Académicien estimable de passer entierement sous silence une grande partie des faits dont il avait fallu l'instruire, & plusieurs de ces faits étant extrêmement intéressants, on a cru devoir assurer par l'impression la conservation du manuscrit dans lequel ils avaient été recueillis & mis en ordre.

MÉMOIRES
SUR LA VIE ET LES OUVRAGES
DE M. TURGOT,
MINISTRE D'ÉTAT.

PREMIERE PARTIE

Contenant sa Jeunesse, son Administration dans la Généralité de Limoges, & son Ministere à la Marine.

De tous les Ecrivains qui contribueront à transmettre à la postérité la mémoire de M. Turgot, c'est le moins capable, sans doute, qui se trouve chargé de rassembler pour les autres les matériaux de leur travail. Mais s'il a été plus à portée de bien connaître cet excellent Homme, & d'être instruit de ce qui s'est passé dans les moments les plus intéressants de sa vie, en disant exactement ce qu'il a vu, il pourra n'être pas entierement au-dessous de son entreprise.

Peut-être tout hommage public devrait-il être ainsi précédé par un récit fidele & dénué d'ornement. Quelle nécessité de louer ceux pour qui la seule exposition de leur vie ne serait pas un premier éloge? Laissons avant tout la vertu & le génie briller de leur propre lumiere. Il est douteux qu'aucun art puisse ajouter à leur éclat naturel; & la prétention de le faire seraitsur out déplacée, lorsqu'il s'agit de peindre un homme dont la modestie égalait le mérite, & qui, dans les emplois les plus élevés & les travaux les plus utiles, a toujours porté la plus grande simplicité.

Anne-Robert-Jacques-Turgot, Baron de l'Aulne, Ministre d'Etat, Membre honoraire de l'Académie des Inscriptions & Belles-Lettres, &c. naquit à Paris, le 10 Mai 1727, de Michel-Etienne Turgot, alors Président aux Requêtes du Palais, & depuis Prévôt des Marchands, Conseiller d'Etat, Premier Président du Grand-Conseil; & de Dame Magdeleine-Françoise Martineau.

Sa famille eſt d'une très - ancienne Nobleſſe. Elle a toujours gardé ſon nom propre, & n'a preſque jamais pris celui de ſes Fiefs. Ce nom était illuſtre en Angleterre, dès le onzieme ſiecle (1).

On trouve la branche fixée en France, dans les premieres liſtes que l'on connaît des Gentilshommes qui devaient ſervice aux Ducs de Normandie. Elle a fondé, en 1281, l'Hôpital de Condé - ſur - Noireau. Elle a donné le jour à un grand nombre de Citoyens diſtingués.

Jacques Turgot, triſaïeul du Miniſtre, fut un des Préſidents de la Nobleſſe de Normandie aux Etats de 1614, & eut la plus grande part aux remontrances énergiques qu'ils firent ſur pluſieurs ſujets, & notamment ſur la conceſſion que le Comte de Soiſſons avait obtenue de toutes les terres vaines & vagues de la Province.

On voit dans le ſeptieme tome du Mercure Français, que Claude Turgot des Tourailles, couſin-germain du précédent, avec quelques Gentilshommes qui lui étaient attachés, arrêta, en 1621, par ſa vigilance & par un coup de valeur, une levée de gens

[1] *Voyez* la Préface d· *Jean Selden*, à la tête de la Collection des anciens Hiſtoriens d'Angleterre.

de guerre, que dans ces temps de troubles un ſieur de Vatteville Mont-Chreſtien, faiſait en Normandie contre le Roi.

Mais quoique les ancêtres de M. Turgot aient toujours ſervi l'Etat avec l'eſtime univerſelle, à la guerre ou dans la Magiſtrature, c'eſt un mérite qu'ils partagent avec tant d'autres familles reſpectables, que nous ne devons pas nous y arrêter ici. Les traits caractériſtiques doivent principalement fixer nos regards. Or, un caractere qui n'eſt pas commun, a toujours diſtingué les Turgot, & ce caractere eſt une bonté douce & courageuſe, qui unit le charme de la bienfaiſance à la ſévérité de la vertu.

On ſe ſouvient encore dans la Généralité de Metz & dans celle de Tours, de la ſage adminiſtration du grand-pere de M. Turgot, qui en a été ſucceſſivement Intendant à la fin du dernier ſiecle, & de la fermeté avec laquelle il expoſait & défendait à la Cour les intérêts des Provinces confiées à ſes ſoins.

L'ordre & l'économie, joints à la grandeur des entrepriſes, à la nobleſſe des vues, à la beauté des monuments, ont rendu célebre dans les annales de la Ville de Paris, & conſacré à la mémoire des ſiecles futurs la Prévôté de M. Turgot, pere de celui dont cet écrit doit donner une idée ; & l'on ne peut ſonger à ce Magiſtrat, ſe jetant au milieu des Grenadiers des Gardes-Françaiſes & des Gardes-Suiſſes, qui s'égorgeaient ſur le quai de l'Ecole, déſarmant un des plus furieux, les contenant & les arrêtant tous, & faiſant ſeul ceſſer le carnage, ſans rappeller la belle image de Virgile :

Si fortè virum quem
Conspexere, silent.

Loin que M. Turgot, dont nous déplorons aujourd'hui la perte, eût dégénéré d'aucune de ces vertus héréditaires dans ſa famille, on peut dire qu'au contraire il les avait étendues & perfectionnées par toute l'application d'un eſprit ſupérieur, actif & ſolide, & d'un cœur dévoué au bien public, qui n'a jamais été animé que de mouvements nobles & honnêtes, & à qui la diſſipation n'a enlevé aucun inſtant.

La prodigieuſe quantité de travaux de toute eſpece, qui ont occupé la plume & le génie de M. Turgot, mort encore dans la force de l'âge, aurait ſuffi pour remplir la vie de trois hommes laborieux ; mais c'eſt qu'il n'y a point d'homme, même laborieux, dont les plaisirs dans la jeunesse, & les soins de l'ambition dans l'âge mûr n'aient consumé une grande partie des jours; & M. Turgot n'a jamais fait qu'étendre ses connaissances, ou servir ses semblables.

Dès sa première adolescence, au milieu des progrès qu'il faisait dans ses études, sa famille s'apperçut que l'argent qu'il recevait d'elle assez abondamment, était très-rapidement dépensé. Elle en conçut quelque inquiétude, & le Principal du College de Louis-le-Grand, où il était en pension, fut chargé par M. le Prévôt des Marchands, de s'informer soigneusement de l'usage que le jeune Turgot faisait de son argent. Il se trouva qu'il le partageait, dès qu'il l'avait reçu, entre des Ecoliers externes qui n'avaient pas le moyen d'acheter des livres.

Après avoir fini ses humanités au College de Louis-le-Grand, il passa, pour la Philosophie, au College du Plessis, où il eut, pour Professeur, M. l'Abbé *Sigorgne*, aujourd'hui Vicaire-Général de Mâcon, auquel il est toujours resté très-attaché. Il entra ensuite au Séminaire de Saint-Sulpice.

M. Turgot avait été destiné à l'Etat

eccléſiaſtique. La plus grande pureté de mœurs, une modeſtie qui allait juſqu'à la timidité, une extrême application au travail, les vertus les plus douces & les plus ſolides juſtifiaient, à cet égard, les vues de ſa famille & l'eſpoir qu'elle avait de le voir, également conduit par ſa naiſſance & par ſon mérite, aux premieres dignités de l'Egliſe. Mais ſon caractere judicieux & réfléchi qui jamais n'a pris une réſolution, ſans avoir d'avance embraſſé & analyſé toute l'étendue des principes qui peuvent déterminer, des conſéquences qui doivent en réſulter, des devoirs qu'il s'agit de remplir; & ſa conſcience délicate qui ne lui aurait permis d'en négliger aucun, le déciderent à ne pas ſuivre ce parti. Perſonne n'a jamais été plus reſpectueux & plus ſoumis que lui pour ſes parents; mais ce penchant de ſon cœur à leur plaire en tout, n'empêchait point ſa raiſon de concevoir que leurs droits ſur le choix d'un état pour leurs enfants, ſe réduiſent à celui du conſeil; que chaque homme eſt le véritable juge de la tâche à laquelle il ſe ſent propre; puiſque c'eſt lui-même qui doit rendre compte à Dieu & aux hommes de l'emploi de ſa vie, & qu'on ne pourrait lui impoſer, ſans crime, des obligations auxquelles il ne croirait pas pouvoir s'aſſujettir : M. Turgot crut donc devoir borner ſa déférence pour les projets qu'on avait eus ſur lui, à l'étude de la Théologie. Il en ſuivit le cours avec diſtinction, on peut dire même avec une véritable piété : celle qui s'attache au grand Etre par principes, par reconnaiſſance & par amour. M. Turgot a conſervé toute ſa vie ce ſentiment profond & raiſonné, préférable ſans doute aux ſubtilités métaphyſiques & aux pratiques minutieuſes auxquelles trop de gens paraiſſent borner la religion.

On a trouvé dans ſes papiers trois fragments précieux d'un Traité ſur l'exiſtence de Dieu, qu'il avait compoſés en 1748, âgé de vingt & un ans, & quelques autres diſſertations théologiques, où brillent une grande juſteſſe d'eſprit, & cet amour de la vérité qui caractériſent un cœur honnête.

Il fut élu Prieur de Sorbonne en Décembre 1749. Les Diſcours qu'il a prononcés en cette qualité le 13 Juillet 1750, & le 11 Décembre de la même année, ſont remarquables par l'élégance & la pureté de la diction, & plus encore par l'étendue & la profondeur des vues.

Le premier a pour sujet : *les avantages que la Religion chrétienne a procurés au genre humain.* C'est à la fois un beau morceau d'histoire & de philosophie. L'Auteur y développe l'influence des opinions sur les mœurs, & celle des mœurs sur les gouvernements. Il fait voir combien l'établissement d'une morale douce & fraternelle, & celui d'une hiérarchie de Ministres des Autels, devenus chers au Peuple, parce qu'ils étaient souvent dans le as de réclamer & de défendre ses droits & ceux de l'humanité, ont été utiles aux Nations & aux Souverains mêmes, pour empérer les maux sans nombre qu'avait nfantés le despotisme militaire. Les Prines sont devenus moins tyranniques & lus sacrés ; deux points importants natuellement liés l'un à l'autre.

Le second Discours prononcé en Soronne par M. Turgot, renferme le *Taleau des progrès de l'esprit humain*, depuis premier état de l'homme, presque uvage, jusqu'à nos jours, & de ce qu'on doit attendre à l'avenir. C'est dans ce Discours, composé il y a plus de trente ns, que le jeune Prieur de Sorbonne ait prévu & prédit ce que le Ministre d'Etat a depuis vu s'effectuer : la séparation des Colonies Anglaises d'avec leur métropole, & cette grande querelle où les premieres Puissances du monde se sont engagées. Il avait annoncé que cet événement inévitable étendrait la liberté du commerce, & ferait respecter davantage les droits des hommes réunis en société.

Ce discours qui montrait beaucoup de savoir & de grandes vues politiques, était un présage public de la carriere que M. Turgot se proposait de remplir. Résolu de partager sa vie entre les lettres, les sciences & les devoirs de la Magistrature, il ne s'était pas borné à des études théologiques.

Il s'était livré avec beaucoup d'application à celle du Droit, & sur-tout à celle de la Morale & de la Justice, aux Mathématiques, à la Physique, à l'Astronomie. Il connaissait parfaitement le ciel; & l'on voit dans les Mémoires de l'Académie des Sciences, pour l'année 1760, p. 101, que c'est lui qui, le 8 Janvier de cette année, à la fin d'un brouillard qui avait duré plusieurs jours, & à la vue simple, découvrit près du genou oriental d'Orion, la Comete qui fut alors observée, & avertit *M. l'Abbé de la Caille* de son apparition.

L'Anatomie eſt la ſeule ſcience dont il n'ait pris qu'une notion générale. L'extrême ſenſibilité de ſon cœur lui rendait impoſſible d'aſſiſter à une démonſtration anatomique, & la deſcription même d'une opération chirurgicale le faiſait ſouffrir.

On a vu qu'il écrivait en latin auſſi parfaitement qu'il ſoit poſſible aux Modernes de le faire. Il ſavait le grec, il étudia l'hébreu, il apprit l'allemand, l'italien, l'anglais, un peu d'eſpagnol. Au milieu des plus grandes occupations, qui ont enſuite rempli ſa vie, il n'a jamais négligé de ſe rappeller les études de ſa jeuneſſe; & tous les genres de littérature & de ſciences ont toujours occupé ſes loiſirs, ou conſolé ſon ame trop belle pour être inſenſible au chagrin de ne pouvoir faire tout le bien dont elle avait conçu l'idée.

M. Turgot écrivait en anglais avec facilité & avec correction. Il avait commencé & même aſſez avancé la traduction de quelques bons Ouvrages français en cette langue, & tous les Anglais auquels il a communiqué ce travail, l'ont vivement exhorté à le continuer. C'eſt lui qui nous a fait connaître les poéſies *Erſes*, & qui a traduit d'après *Macpherſon* les premiers poëmes d'*Oſſian*, dont nous ayons entendu parler, qui ont été imprimés dans le Journal étranger, & réimprimés dans les *Variétés littéraires*, avec des réflexions ſur la poéſie des Peuples ſauvages, où M. Turgot a montré, comme dans tous ſes écrits, un ſens profond, un goût sûr, une ſenſibilité touchante.

Il avait traduit pluſieurs morceaux détachés d'Adiſſon, de Jonhſon, de Sakeſpeare; à-peu-près le premier volume de l'hiſtoire des Stuards de *David Hume*, les diſſertations du même Auteur ſur les jalouſies du commerce, ſur la réunion des partis & ſur la liberté de la preſſe; les conſidérations de *Joſias Tucker* ſur les guerres entrepriſes pour favoriſer, étendre ou aſſurer le commerce; la priere univerſelle de *Pope*, en vers libres; une grande partie de l'eſſai ſur l'homme, en trois manieres, en proſe, en vers alexandrins, & en vers métriques. Nous parlerons plus bas de ce genre de verſification que M. Turgot a tenté avec plus de ſuccès que ceux qui en avoient déja eu l'idée.

Il a traduit de l'allemand le commencement de la Meſſiade de Klopſtock, la plus grande partie du premier chant de la mort

'Abel, & une partie du quatrieme, le commencement du premier Navigateur & tout e premier livre des Idylles de *Geſſner*, qui été imprimé ſous le nom de M. Huber, vec les autres poëmes du même Auteur, lont nous devons la traduction à M. Huber nême. La Préface générale de cette traduction de Geſſner eſt auſſi l'ouvrage de M. Turgot.

Il avait traduit en vers libres quelques cenes du *Paſtor fido*.

Il a traduit du grec le commencement le l'iliade ; de l'hébreu, la plus grande partie du Cantique des Cantiques ; du latin, une multitude de fragments de Cicéron, de Séneque, de Céſar, d'Ovide, & les huit premiers paragraphes des annaes de Tacite.

Il a traduit en vers francais rimés pluſieurs Odes d'Horace, la premiere Elégie de Tibulle (2), preſque tout le premier Li-

[2] Cette traduction de Tibulle eſt de ſa premiere eunesse. Il la montra à M. *de Saint-Lambert*, comme in Ouvrage de M. *l'Abbé Guerin*. M. de Saint-Lambert la critiqua avec ſévérité. M. Turgot chercha d'abord à défendre l'Ouvrage ; enſuite, avant de quitter M. de Saint-Lambert, il lui dit : *d'après l'opinion que vous avez priſe des vers que je viens de vous lire, je dois vous déclarer qu'ils ne sont pas de M. l'Abbé Guerin, et qu'ils sont de moi.*

vre des Géorgiques, & le commencement du quatrieme ; & en vers français métriques toutes les Eglogues de Virgile, & le quatrieme livre de l'Enéide.

Plusieurs de ces traductions ont été remises à l'Académie des Inscriptions, dont M. Turgot était membre, comme un tribut qu'il se serait plu sans doute à lui offrir un jour.

Elles ont été faites en différents temps, mais dans un même esprit. M. Turgot, à aucun égard, n'a jamais eu de principes relâchés. Ceux de l'art de traduire tel qu'il le concevait, tel qu'il l'a pratiqué, sont extrêmement séveres. Il se moquait des traductions qu'on appelle *libres*, & leur refusait le titre de traduction. Presque toutes celles qu'il n'a point terminées ont eu pour objet de montrer à ses amis, qui se plaisaient à le consulter sur leurs travaux, qu'on pouvait à la fois traduire très-littéralement & avec beaucoup d'élégance. Les traductions littéraires lui paraissaient l'unique moyen de faire bien connaître non seulement les pensées, mais le tour d'esprit de l'Auteur, & le caractere de la langue dans laquelle il écrivait. Les traductions que M. Turgot a faites ne sont

pas

pas de ſimples eſtampes, ce ſont de véritables contre-épreuves. Il diſait quelquefois : « Si je veux vous montrer comment
» on s'habille en Turquie, il ne faut pas en-
» voyer le doliman à mon Tailleur, pour
» m'en faire un habit à la Françaiſe. Vous
» n'en connaîtriez que l'étoffe. Il faut que
» je mette l'habit turc ſur mes épaules, &
» que je marche devant vous ».

Quant aux vers métriques qui ont ſouvent amuſé ſes loiſirs, ce n'était point l'impuiſſance de réuſſir dans un autre genre qui lui avait fait eſſayer celui-là. Ceux qui ont lu ſes Traductions en vers alexandrins & en vers libres, & le peu qu'il a fait de vers de dix ſyllabes, ſavent qu'il aurait pu lutter contre nos meilleurs Poëtes. Mais la profonde connaiſſance que M. Turgot avait de ſa langue, & l'extrême pureté avec laquelle il la parlait, le rendaient infiniment ſenſible aux moindres inflexions de la proſodie, dont pluſieurs échappent à des perſonnes qui paraiſſent d'ailleurs bien parler. Cette ſenſibilité donnait à la verſification métrique qui a fait le charme des Grecs & des Romains, & qui fait à préſent celui des Allemands, une harmonie également agréable en français pour ſon oreille ; & il envisageait, à cultiver cette versification, l'avantage de déterminer encore mieux notre prosodie, & de perfectionner ainsi notre langue. Une partie du mérite des vers métriques, beaucoup plus difficiles à faire que les vers rimés, se trouve perdue pour ceux à qui la prosodie n'est pas très-familiere ; & cela même montre combien ils pourraient servir à fixer la langue, si plusieurs grands Poëtes s'y livraient successivement.

Les deux Ouvrages les plus étendus de M. Turgot, dans ce genre de versification, sont la traduction des Eglogues de Virgile, achevée à neuf vers près, & celle du quatrieme Livre de l'Enéide ; l'une & l'autre en vers métriques, hexametres français. Il a été imprimé de cette derniere un petit nombre d'exemplaires chez *Stoupe*.

M. Turgot comptait faire imprimer aussi les Eglogues, & placer à la tête du Recueil, comme pour lui servir d'introduction, une invocation à la Muse d'Homere, en vers de la même mesure. Il n'a pas eu le temps de l'achever ; mais il en existe deux fragments où l'on ne peut s'empêcher d'admirer la poésie la plus noble, la plus douce & la plus énergique.

Nous n'avons pas cru devoir interrompre cette indication rapide de ce que nous connaissons des traductions & des poésies de M. Turgot.

Retournons à l'époque où il a commencé à s'occuper avec intérêt de ces deux genres de littérature, depuis dix-huit ans jusqu'à vingt-trois.

C'est l'âge où l'ame ambitieuse de toute espece de lumieres & de gloire ne voit rien qu'elle ne puisse embrasser, & où le corps ne connaît point de travaux au-dessus de ses forces. On a trouvé, de la main de M. Turgot, la liste qu'il avait faite alors des Ovrages qu'il projetait. Elle suppose déjà une étonnante instruction, & des vues très-étendues & très-liées. Elle contient les titres d'une grande suite de Traités sur la Métaphysique en général, & sur celle des langues en particulier, sur la Théologie, sur les Sciences, sur la Philosophie, sur l'Histoire, sur la Morale, sur la Politique, sur les Loix, sur les principes de l'Administration. On y voit aussi quelques projets de simple littérature, de Traductions, de Poëmes & même de Tragédies.

De tous ces Ouvrages que M. Turgot se proposait à vingt ans, il en a fait ou commencé quinze. Mais il en a fait beaucoup d'autres auxquels il ne ſongeait point alors; & une partie de ceux qui entraient dans ſes projets, tels que le Poëme des Saiſons, & un autre ſur la Loi naturelle, ont été exécutés depuis par des Auteurs infiniment eſtimables, dont l'amitié lui a été plus douce, que la gloire de lutter avec eux n'eût pu lui être précieuſe.

Il était alors intimement lié avec MM. les Abbés de *Brienne*, de *Boiſgelin*, de *Very*, de *Cicé* & avec l'Abbé *Bon*, homme d'eſprit, auquel une longue ſuite de malheurs avait donné un peu de ſuſceptibilité, & qui n'en a pas été moins cher juſqu'au dernier moment, & à M. Turgot, chez lequel il eſt mort, & aux autres reſpectables condiſciples qui faiſaient avec lui leur licence. La plupart de ces amis & de ces émules de la jeuneſſe de M. Turgot ſe montrent aujourd'hui de dignes Prélats dans les provinces dont la conſtitution demande que les Chefs de l'Egliſe déployent toutes les lumieres, les vertus & l'activité de l'Adminiſtrateur. Ils s'éclairaient déjà réciproquement ſur les principes de la richeſſe & du bonheur des nations; & au mois d'Avril 1749, M. Turgot n'ayant pas vingt-deux ans, adreſſait à l'un d'entr'eux une dissertation sur *la circulation de l'argent*, où il est facile de reconnaître l'homme destiné à devenir un grand Ministre d'Etat.

Dès l'année précédente, l'Académie de Soissons ayant proposé un Prix sur la question : *quelles peuvent être dans tous les temps les causes de la décadence du goût dans les Arts, & des lumieres dans les Sciences?* M. Turgot avait traité cette question avec une grande étendue. Le plan de son discours, & plusieurs fragments, subsistent encore ; mais l'Abbé Bon ayant entrepris de concourir, M. Turgot y renonça, & préféra de communiquer son plan à son ami.

En 1750, M. Turgot combattit deux Métaphysiciens qui ont une grande réputation & qui en sont dignes. Le premier est le Docteur *Berkeley*, Evêque de Cloyne, qui fait du monde une espece de rêve, dans lequel nous n'aurions de certain qu'une suite de perceptions, qui, selon lui, ne peuvent nous assurer de la réalité des objets qui les causent. M. Turgot, après avoir traduit une partie du livre de Berkeley, emploie à le réfuter deux lettres d'une Logique serrée & d'une très-bonne Métaphysique, dont il a depuis développé la doctrine, en faiſant pour l'Encyclopédie le mot *Exiſtence.*

Il y montre comment de la conſcience du *Moi*, c'eſt-à-dire, de l'être ſuſceptible de plaiſir & de douleur, nous ſommes conduits, par l'expérience, & par les diverſes relations de ce *Moi* avec les êtres environnants, d'abord préſents, enſuite paſſés, mais rappellés par la mémoire, enfin futurs ou prévus par l'imagination, à former la notion abſtraite de l'*exiſtence*, & à la regarder comme une propriété fondamentale, dont les propriétés ſenſibles qui nous frappent ne ſont que des acceſſoires.

Il établit enſuite qu'il y a des effets qui n'ont pu être produits que par une ſeule cauſe, & qu'alors la certitude de la cauſe eſt égale à celle de l'effet. C'eſt le fondement des preuves métaphyſiques de l'exiſtence de Dieu.

Il y en a d'autres qui, dans la multitude des cauſes inconnues, obligent de ſe livrer aux hypotheſes, & de vérifier ces hypotheſes par la comparaiſon aux phénomenes. Ce ſont les fondements de la phyſique, de la critique des faits, de la connaiſſance des corps & des êtres qui nous ſont extérieurs. Lorſque l'accord des cauſes ſuppoſées avec les effets éprouvés n'eſt pas complet, il ne conduit qu'à un plus ou moins grand degré de vraiſemblance ou de doute. Mais l'enchaînement & l'accord parfait des cauſes avec les phénomenes bien vérifiés, donnent un degré de certitude auquel il nous devient impoſſible de refuſer notre aſſentiment ; & c'eſt cet accord qui nous prouve l'exiſtence de l'univers matériel, par une ſuite d'expériences tellement impoſantes, & ſi conſéquentes les unes aux autres, que les raiſonnements ingénieux de l'Evêque de Cloyne viennent ſe briſer contre l'évidence dont l'univers nous preſſe & nous entoure.

Le ſecond Métaphyciſien réfuté par M. Turgot eſt le célebre *Maupertuis*, qui, dans ſes Réflexions philoſophiques ſur l'origine des langues, a cru pouvoir réduire leurs principes à la préciſion & aux formules algébriques. M. Turgot montre que le ſyſtême de Maupertuis eſt fort incomplet, & donne ſur la métaphyſique & la mécanique des langues pluſieurs principes très-vrais, qui avaient échappé au Philoſophe géometre, & dans l'expoſition deſquels M. Turgot ſe conforme d'ailleurs au laconiſme élégant de l'Ecrivain qu'il combat.

Il y avait déjà deux ans que M. Turgot travaillait à un *Dictionnaire de la langue latine* rapportée à ses mots primitifs, avec leurs origines, leurs composés & leurs dérivés. Il n'en a laissé que quelques fragments & un Recueil assez considérable d'étymologies qu'il avait rassemblées, discutées ou découvertes, & qui devaient entrer dans ce grand Ouvrage.

M. Turgot n'approuvait pas le dédain que beaucoup de gens témoignent pour l'art des étymologies. Il le croyait propre à jeter un grand jour sur la Grammaire générale, sur la formation & sur la nature des langues, & utile aussi pour éclairer l'Histoire, principalement celle des sciences, des arts, des conquêtes, & des transmigrations des Peuples.

Il a déposé dans l'Encyclopédie, au mot *Etymologie* qu'il a fourni, ses principes sur cet Art, qui, comme tout autre Art conjectural, est formé de deux parties, l'invention & la critique. Il y détaille les différents objets dont il faut s'occuper pour découvrir les étymologies, & les principes de critique, par lesquels on doit juger de leur bonté ou de leur peu de solidité.

Mais les deux plus grandes entreprises qui aient occupé M. Turgot dans cette premiere époque de sa vie, étaient un *Traité de la Géographie politique*, & une suite *de Discours sur l'Histoire universelle.*

De ces deux Ouvrages qui devaient être liés ensemble, & se prêter un secours mutuel, il ne reste que le plan & quelques fragments. Le plan de chacun d'eux, cependant, étant très-détaillé, est lui-même un important ouvrage conçu avec beaucoup de génie, qui montre une érudition surprenante à l'âge qu'avait alors M. Turgot, & qui a dû lui coûter des recherches immenses.

Quoique nous ayons resserré ces détails autant qu'il a dépendu de nous, peut-être trouvera-t-on que nous leur avons donné trop d'étendue. Mais ce n'est point un *Eloge* que nous écrivons, ce sont de simples *Mémoires* sur un homme aussi éclairé que vertueux, qui a donné de nobles & utiles exemples à l'Europe, & rendu des services essentiels à sa Patrie ; & nous ne pouvons croire indifférent, ni à l'histoire naturelle de l'esprit humain, ni aux jeunes gens heureusement nés, & qui se destinent eux-mêmes à de grandes choses, de jeter un coup-d'œil sur les premiers travaux & sur le développement progressif du Génie d'un Citoyen aussi distingué que l'a été à tous égards M. Turgot.

Après avoir fini l'année de son Priorat en Sorbonne, M. Turgot quitta enfin l'habit ecclésiastique au commencement de 1751; & sa famille s'occupa du soin de lui procurer une des charges de Magistrature par lesquelles il faut passer pour devenir Maître des Requêtes.

Il avait desiré celle d'Avocat du Roi au Châtelet. Il sentait la nécessité d'être obligé de parler en public, pour s'accoutumer à vaincre sa timidité naturelle qui tenait à un grands fonds de modestie & à un amour extrême pour la perfection. M. Turgot voyait toujours le mieux possible, comme un but auquel il ambitionnait d'atteindre; & quand son goût délicat trouvait ce qu'il avait dit ou pensé au-dessous de cette perfection idéale qu'il avait pour objet, il éprouvait, malgré les applaudissements qu'il pouvait recevoir, une légere & secrette humiliation. Il cherchait à corriger où les autres ne trouvaient point de défaut. Aussi, quoiqu'il parlât avec une pureté rare, il n'était jamais content de ce qu'il avait dit, ſur-tout en public. Ses diſcours, quoique très-naturels, n'étaient pas très-faciles. Il aimait mieux écrire, parce qu'il était sûr en écrivant de rendre toute l'étendue de ſa penſée, & parce qu'il ſe plaiſait à en retoucher ſans ceſſe l'expreſſion. Il ne s'en laſſait jamais, plus ſévere encore pour lui-même que pour ſes amis. Il a regretté toute ſa vie de n'avoir pas eu dans la place d'Avocat du Roi une occaſion de s'exercer à parler avec plus de rapidité & d'aiſance. Il eſt très-vrai que c'eſt un avantage qu'on doit le plus ſouvent à l'habitude. Nous voyons les Avocats obligés de développer une multitude de *moyens* auxquels ils n'avaient pas eu le temps de ſonger d'avance, & les Courtiſans occupés à plaire en répondant à tout avec agrément, d'une maniere indéterminée & qui n'engage à rien ; acquérir, les premiers, une faconde impoſante, & les ſeconds une facilité piquante & légere, qui leur fait éclipſer dans la converſation, même avec très-peu de fonds réel, l'homme de Lettres du mérite le plus diſtingué, mais qui n'a jamais déployé ſon eſprit que dans ſon cabinet.

M. Turgot ſortant à vingt-trois ans de Sorbonne, plein de connaiſſances profondes, formé par des études ſérieuſes, ayant même beaucoup de goût littéraire, était cet homme d'eſprit un peu neuf dans la Société. Cet inconvénient, léger en lui-même, a peut-être influé d'une maniere aſſez grave ſur le deſtin de ſa vie. N'aimant à développer ſes penſées, & n'y réuſſiſſant bien qu'avec ſes amis intimes, il n'y avait qu'eux qui lui rendiſſent juſtice. Tandis qu'ils adoraient ſa bonté, ſa douceur, ſa raiſon lumineuſe, ſon intéreſſante ſenſibilité, il paraiſſait froid & ſévere au reſte des hommes. Ceux-ci par conſéquent ſe contenaient eux-mêmes ou ſe maſquaient avec lui. Il en avait plus de peine à les connaître; il perdait l'avantage d'en être connu; & cette gêne réciproque a dû lui nuire plus d'une fois.

Aucun de MM. les Avocats du Roi n'ayant voulu ſe défaire de ſa charge, M. Turgot fut pourvu de celle de Conſeiller ſubſtitut de M. le Procureur-Général, le 5 Janvier 1752. Il eſt inutile de dire avec quel zele, quelle activité, quelle intégrité il en remplit les fonctions. Ces qualités qui honoreraient un autre homme, étaient auſſi ſimples pour M. Turgot que la reſpiration & la vie. Le bonheur & le devoir de contribuer à rendre la juſtice ſuſpendirent même pendant quelque temps ſes travaux commencés & ſes études chéries. Il n'était plus queſtion pour lui d'apprendre, mais d'agir.

Dans toutes les places de Magiſtrature qu'il a occupées, il s'était impoſé la loi de ne s'en rapporter qu'à lui-même pour extraire les pieces ſervant aux procédures.

Il n'aimait pas les ſollicitations. Toutes celles qui étaient étrangeres à l'inſtruction du Juge lui ſemblaient déſobligeantes. Elles lui paraiſſaient annoncer peu de confiance dans l'intégrité du Magiſtrat, & occaſionner au moins une perte de temps nuiſible à l'examen & à l'expédition des affaires.

Il ne reſta pas long-temps dans la Magiſtrature par laquelle il avoit débuté, & fut reçu Conſeiller au Parlement le 30 Décembre 1752, puis Maître des Requêtes le vingt-huit Mai 1753.

Ce fut en parlant au Conſeil en cette qualité, qu'il apprit que, pour paraître court & précis dans ſon travail, il eſt ſouvent néceſſaire de s'étendre, & que ce n'eſt pas la briéveté qu'il faut avoir pour objet. La premiere fois qu'il rapporta devant le Roi, M. Turgot crut devoir résumer dans le moins de mots possible, l'affaire importante dont il s'agissait. Il dit tout, & dit tout avec une concision sévere. Son travail fut approuvé, mais fatigua ses auditeurs ; & le Conseil fini, la plupart de MM. les Conseillers d'Etat qui prenaient tous à lui un intérêt véritable, lui dirent. *Vous avez très-bien parlé, mais vous avez été un peu long ; une autre fois abrégez.* M. Turgot, auquel il aurait été impossible d'abréger davantage, comprit d'où provenait l'effet dont on s'était plaint. A son second rapport, il prit une marche différente. Il développa fort en détail les faits & les *moyens* qu'il avait à faire connaître ; il résuma chaque partie de son discours avant de passer à la suivante ; & les résuma toutes une seconde fois en finissant. *Vous vous êtes bien corrigé*, lui dit-on, *vous avez dit beaucoup plus de choses, & vous avez été* COURT. C'est qu'il avait été *clair*, & qu'il avait souvent reposé l'attention des Magistrats qui l'écoutaient.

Cette expérience & cette leçon lui ont été utiles pour tous ses autres travaux. Jamais depuis il ne s'eſt épargné la peine de remonter aux premiers principes de la matiere qu'il a voulu traiter, d'en tirer méthodiquement toutes les conſéquences, & de ſuivre chacune d'elles juſqu'où elle peut aller, & dans tous ſes rapports avec les autres conſéquences qui dérivent des mêmes vérités. Auſſi ſes écrits ſont-ils d'une extrême clarté; ſon éloquence qui n'a qu'une douce chaleur toujours motivée par la raiſon manifeſte, ne donne point de commotions; elle ne ſéduit pas, elle n'entraîne pas; elle conduit, démontre & perſuade.

Cependant il ne ſuffit pas toujours de perſuader les Juges. Il ne s'agit pas ſeulement, pour obtenir d'eux un Arrêt, qu'il ſoit équitable en lui-même; il faut encore qu'il ſoit légal dans tous ſes points; & nos loix ſont tellement imparfaites, que les formes peuvent ſouvent effacer ce que le fond a d'intéreſſant & de favorable, & que le Magiſtrat le plus integre voyant dans la violation de ces formes, tant qu'elles ſont établies, plus d'inconvénients encore que dans leur abus, peut être conduit par ſon intégrité même, à penſer d'une façon & à prononcer d'une autre, à ordonner une injuſtice par un jugement réguliérement juſte : c'eſt à quoi ſont le plus expoſés les Juges blanchis dans les fonctions de leur miniſtere. Mais le jeune Magiſtrat qui voit avant tout l'équité, ne peut s'empêcher de s'efforcer à la ſoutenir contre l'imperfection des loix ſous leſquelles elle eſt opprimée, & d'expliquer celles-ci de la maniere la plus avantageuſe au bon droit. C'eſt ce que fit M. Turgot dans un autre rapport au Conſeil. L'affaire préſentait beaucoup de difficultés : il avait cru devoir propoſer & ſoutenir par des raiſons puiſſantes, des concluſions dont il avait reconnu la juſtice, & qui étaient d'autant plus équitables, qu'elles étaient tirées de l'eſprit, plus que de la lettre de la loi.

Le Conſeil les rejeta toutes, & M. Turgot fut vivement affligé. Mais huit jours après il eut une grande conſolation : les deux parties tranſigerent, ſans s'arrêter à l'arrêt du Conſeil, & conformément aux concluſions du Rapporteur.

Quelque laborieux que ſoit le ſervice du Conſeil, il laiſſe à MM. les Maîtres des Requêtes beaucoup plus de loiſir que n'en ont la plupart des autres Magiſtrats. M.

Turgot

Turgot en profita pour se livrer à l'attrait qu'avaient pour lui les lettres & les sciences.

Ce fut alors qu'il enrichit l'Encyclopédie des mots *Existence* & *Etymologie* dont nous avons rendu plus haut un compte abrégé, & des mots *Expansibilité*, *Foires* & *Fondation*.

L'expansibilité est la propriété par laquelle les particules d'un corps tendent à se réduire en vapeurs, c'est-à-dire, à se dilater indéfiniment, de sorte qu'elles ne sont contenues dans leur état actuel que par une force qui les comprime & balance leur force d'expansibilité.

M. Turgot observe que presque tous les corps sont susceptibles *d'expansibilité*, mais qu'ils n'acquierent l'état dans lequel ils sont réellement expansibles, que par l'effet de la chaleur, & après avoir passé par son moyen dans l'état de *liquidité*; la plupart d'entr'eux sont comme l'eau, qu'un certain degré de froid, ou de diminution de chaleur rend *solide*, que le degré de chaleur au-dessus de la congellation rend *liquide*, & que le degré de chaleur suffisant pour produire l'ébullition rend *expansible*.

La chaleur tend à écarter les parties des

corps. La plus ou moins grande augmentation de leur volume, leur fusion & leur vaporisation, ne sont que des nuances de l'action de cette cause appliquée sans cesse à tous les corps, dans des degrés variables, balancés par les forces diverses qui en retiennent les parties les unes auprès des autres, & qui constituent leur *dureté* ou leur *liquidité*, lorsqu'elles ne sont pas surpassées par la dilatation que produit la chaleur.

M. Turgot, après avoir analysé cette propriété, en examine les loix dans les corps où nous pouvons le mieux en reconnaître & en suivre les effets.

La théorie qu'il établit alors se trouve confirmée par les découvertes qui ont été faites depuis sur les différentes especes d'airs : & c'est ainsi que l'œil du génie prévoit les succès de l'expérience.

Cet article & les deux précédents imprimés en 1756, rédigés en 1755 sur des matériaux préparés & mûris d'avance, font connaître le Physicien, le Métaphysicien, l'homme de Lettres; les deux suivants montrent, à la même époque, l'homme d'Etat déjà tout formé.

M. Turgot, au mot *Foires*, commence

par diſtinguer les *Foires* des *Marchés*. Ceux-ci s'établiſſent naturellement, en raiſon de l'eſpoir que la commodité des lieux & la population qui s'y raſſemble, donnent aux vendeurs d'y trouver un plus grand nombre d'acheteurs, avec moyen de payer; & aux acheteurs d'y trouver une plus grande concurrence de vendeurs, une plus grande quantité & un plus grand nombre d'eſpeces de marchandiſes à vendre.

Les foires ont une autre origine. Les gênes & les impoſitions miſes preſque univerſellement ſur le commerce, leur ont donné la naiſſance. Le commerce arrêté & opprimé de toutes parts, a dû ſe porter avec affluence aux lieux & dans les moments où il a trouvé la permiſſion de reſpirer & de jouir de quelques franchiſes. L'éclat des *foires* ſuppoſe donc l'état habituellement languiſſant du commerce.

Les plus grandes foires ont été établies dans des ſiecles de brigandage, où les magaſins euſſent été pillés, ſi le commerce eût oſé ſe montrer en grand ailleurs que dans les villes, & aux temps indiqués, où il pouvoit eſpérer une protection ſpéciale & paſſagere qui amenait le concours,

& que le concours même contribuait à faire respecter. Nous avons eu des foires, par les mêmes raisons qui font que les Orientaux ont des caravannes.

M. Turgot démontre que la regle, par rapport au commerce, devrait être de le protéger en tous temps, de le laisser partout libre, franc, exempt de toute espece de vexation ; & il fait voir que si l'on n'avait point alors de ces assemblées éclatantes qui fixent les regards des Nations & des politiques peu instruits, on aurait en tous lieux l'abondance, l'aisance & la prospérité. « Les eaux, dit-il, rassemblées artificiellement dans des bassins & » des canaux de décoration, amusent les » voyageurs par l'étalage d'un luxe frivole. » Mais celles que les pluies répandent uni- » formément sur la surface des campa- » gnes, & que la seule pente des ter- » reins dirige & distribue dans tous les » vallons pour y former des fontaines, » portent par-tout la fécondité & la ri- » chesse ». Ces idées sont devenues communes depuis, elles seront générales un jour ; alors elles étaient rares & semblaient paradoxales.

Ses principes sur les *fondations* ne sont

pas moins vrais, ni moins profondément pensés, & sont beaucoup plus loin encore des opinions universellement répandues.

On est obligé de convenir avec lui, en lisant le mot *Fondation*, que la vanité a été & est presque toujours le véritable motif de ce genre d'établissement; que la vanité exhaltée d'un fondateur est un mauvais juge de l'utilité publique; que même, quand une fondation aurait été réellement faite dans des vues d'utilité combinée avec la plus grande sagesse, l'intérêt particulier & la paresse à qui l'exécution & l'administration en feront toujours & nécessairement confiées, étoufferaient cette utilité sous le nombre des abus.

La simple variation dans les mœurs & les besoins de la société détruirait, & détruit toujours à la longue, l'avantage des fondations dont l'utilité primitive aurait été la plus incontestable.

Le luxe, le faste, les édifices qui accompagnent les grandes fondations sont ordinairement si considérables, que ce serait quelquefois évaluer bien favorablement leur utilité, que de l'estimer à un centieme de la dépense.

M. Turgot fait sentir qu'il y a d'autres

moyens de remplir, à moins de fraix & beaucoup mieux, les divers objets qu'on peut avoir en vue dans les fondations; moyens qui tiennent à de bonnes loix, & à des encouragements bien entendus.

Il conclut que l'autorité a fait très-sagement de restreindre le pouvoir de faire des fondations nouvelles, & que le corps politique a le droit de disposer des anciennes qui ne remplissent pas leur objet, & de revenir à cet objet par des moyens plus efficaces, meilleurs, plus justes, plus naturels.

Il est clair que si chacun pouvait faire des fondations, sans autre regle que sa fantaisie, la vanité absorberait, au bout d'un certain temps, en fondations, tous les biens de la société, & qu'à la fin il ne resterait plus aux familles de propriétés particulieres. La nation entiere se verrait réduite à vivre sur des fondations, & certainement alors elle serait très-misérable, & ses affaires seraient très-mal faites. Quelques parties de l'Italie, qui cependant n'en sont pas encore à ce terme fatal, sont du moins un triste exemple de la progression par laquelle on y peut arriver.

M. Turgot avait projeté de faire, pour le même Dictionnaire, où se trouvent ces difſertations, les mots *Mendicité*, *Inſpecteurs Hôpital*, *Immatérialité*, *Humide & Humidité.* Mais l'autoriſation qui avait d'abord été donnée à cet ouvrage, ayant été interrompue, il ne crut pas devoir achever ces mots qu'il avait commencés, ni ſonge à en rédiger d'autres.

Il commençait à jouir de ſa réputation littéraire. Le ſuffrage & les conſeils de ſon goût, beaucoup plus formé qu'on ne l'a jamais eu au même âge, devenaient de jour en jour plus eſtimés. On ſe plaignait de ſa ſévérité; mais on le conſultait (3). La ſupériorité de ſes lumieres & la certitude que ceux qui lui étaient chers avaient de ſon zele & de ſon attachement pour eux, lui ont attiré dans tout le cours de ſa vie privée, ce ſurcroît d'occupations. Il ſuſpendait ſes travaux littéraires les plus intéreſſants, pour répondre à la confiance de ſes amis, en jugeant & perfectionnant leurs

(3) Il ne s'offenſait jamais que ſes amis critiquaſſent ſes écrits, avec le même ſcrupule qu'il apportait en examinant les leurs. *Nous faiſons assaut de ſévérité*, diſait-il une fois à M. de Saint-Lambert, *mais sans nous en aimer moins.* — Madame *de Graffigny*, dont le goût était ſi délicat, prenait ſon avis ſur ſes Ecrits. On a trouvé des obſervations qu'elle lui avait demandées ſur pluſieurs d'entr'eux.

ouvrages ; & il n'a guere consumé moins de temps à leurs écrits qu'aux siens propres.

Ses jours étaient infiniment remplis. Il se livrait à la chymie sous le célebre *Rouelle* ; il étudiait sérieusement l'Histoire-Naturelle ; il se perfectionnait dans la Geométrie transcendante & dans l'Astronomie. Ce fut encore alors qu'il se livra le plus aux langues modernes étrangeres ; qu'il apprit l'Allemand, & nous fit connaître Gessner, & que s'appliquant, sur-tout aux études relatives à l'administration, il traduisit Hume & Tucker, comme nous l'avons déjà rapporté.

Ce dernier travail le lia plus intimement avec MM. *Trudaine*, pere & fils, & avec M. *de Gournay*, ce Négociant, ce Citoyen, ce Magistrat, cet Homme d'Etat, dont l'expérience & les lumieres ont répandu autant de jour sur les vrais principes de l'administration du Commerce, que M. *Quesnay* son contemporain, & qui fut aussi l'ami de M. Turgot, en a jeté sur ceux des impositions, sur ceux du droit naturel, & sur ceux de la réproduction & de la distribution des richesses.

M. Turgot étudia la doctrine de ces deux hommes justement célebres, en profita, se la rendit propre; & la combinant avec la connaiſſance qu'il avait du Droit, & avec les grandes vues de légiſlation civile & criminelle qui avait occupé ſa tête & intéreſſé ſon cœur, parvint à en former ſur le gouvernement des Nations un corps de principes à lui, embraſſant les deux autres, & plus complet encore.

La Philoſophie de M. Turgot était un choix réfléchi de ce qu'il avait trouvé de raiſonnable dans toutes les Philoſophies. Fait pour remonter de lui-même aux plus grandes vérités, de quelque part qu'elles vinſſent, il n'en rejettait aucune; mais capable de découvrir celles qu'il avait appriſes, il n'en admettait aucune ſur parole, & ſans l'avoir, ſi l'on peut ainſi dire, contrôlée & vérifiée d'après la nature même. Il reſpectait la liberté des opinions; mais il n'adoptait entierement aucun ſyſtême de ceux qui l'avaient précédé. Il a paſſé pour avoir été attaché à pluſieurs ſectes, ou à pluſieurs ſociétés qu'on appellait ainſi; & les amis qu'il avait dans ces ſociétés diverſes lui reprochaient ſans ceſſe de n'être pas de leur avis; & ſans ceſſe il leur reprochait de ſon côté de vouloir faire communauté d'opinions, & de ſe rendre ſolidaires les uns pour les autres. Il croyait cette marche propre à retarder les progrès mêmes de leurs découvertes. Le repos de la ſolitude lui paraiſſait indiſpenſable pour étudier la nature des choſes, & les loix que leur a données le Créateur, & ce ſentiment tenait à ſes mœurs autant qu'à ſon caractere.

Il déteſtait l'eſprit de ſecte & tout eſprit de corps, parce que l'expérience lui avait fait voir qu'il eſt très-difficile que, même chez les hommes les plus eſtimables, l'eſpece de fanatiſme qui en eſt inſéparable, n'égare pas un peu l'amour de la vérité & de la juſtice que M. Turgot préférait à tout. La morale des Corps les plus ſcrupuleux ne vaut jamais celle des particuliers honnêtes.

M. Turgot trouvait d'ailleurs à cet eſprit d'aſſociation l'inconvénient grave de prévenir & d'animer la ſociété générale contre ces petites ſociétés particulieres qui s'élevent dans ſon ſein, & de reculer ainſi le ſuccès des bonnes intentions de ceux que leur zele entraîne à former ces eſpeces de confédérations. « *C'eſt l'eſprit de ſecte*, a-t-
» il dit cent fois, *qui appelle ſur les vérités*
» *utiles les ennemis & la perſécution. Quand*
» *un homme iſolé propoſe modeſtement ce*

» *qu'il croit la vérité, s'il a raison, on l'é-*
» *coute; & s'il a tort, on l'oublie. Mais*
» *lorsqu'une fois des Savants même se sont*
» *mis à faire corps & à dire* NOUS (4), *à*
» *croire pouvoir imposer des loix à l'opi-*
» *nion publique, l'opinion publique se ré-*
» *volte contr'eux avec justice, parce qu'elle*
» *ne doit recevoir de loix que de la vérité, &*
» *non d'aucune autorité. Tout Corps voit*
» *bientôt sa livrée portée par des imbécilles,*
» *par des fous, par des ignorants, fiers,*
» *en s'y agrégeant, de faire un personnage.*
» *Il échappe à ces gens des sottises & des*
» *absurdités. Alors les esprits aigris ne*
» *manquent pas de les imputer à tous les*
» *confreres de ceux qui se les sont permises.*
» *On réclame en vain: les lumieres s'obs-*
» *curcissent ou s'éteignent au milieu des*
» *querelles, où bientôt on ne s'entend plus.*
» *Les gens sages craignent de se compro-*
» *mettre en les rallumant; & la vérité im-*
» *portante qu'on avait découverte demeure*
» *étouffée & méconnue. Elle paie les dettes*
» *de l'erreur, de la partialité, de la pré-*

(4) « Lorsque vous direz *Nous*, disait-il encore quelquefois, ne soyez pas surpris que le Public ré- » ponde *Vous* ».

„ *tention, de l'exagération, de l'impru-*
„ *dence avec lesquelles elle a fait la faute de*
„ *s'associer* "

M. Turgot n'a donc dédaigné aucun secours. Il a rendu justice & témoigné respect à tous les Savants qui ont contribué à étendre ses lumieres; mais aidé de leurs forces, il a cru devoir employer les siennes à chercher comme eux la vérité, dont aucun ne pouvait avoir le privilége exclusif; & pour ne jamais cesser d'être équitable envers tout le monde, il n'a point adopté de *parti*.

Sa reconnaissance a regardé comme un des événements qui ont le plus avancé son instruction, le bonheur qu'il eut d'accompagner M. de Gournay dans les tournées que ce Magistrat, alors Intendant du Commerce, fit en 1755 à la Rochelle, à Bordeaux, à Montauban, dans toute la Guyenne, à Bayonne, & dans le pays de Labourt; & en 1756, dans l'Orléannais, l'Anjou, le Maine & la Bretagne.

On ne peut mieux donner une idée de l'utilité de ces voyages, qu'en transcrivant ce que M. Turgot en a dit lui-même dans l'hommage qu'il a rendu à la mémoire de ſon vertueux ami, dont il a eu auſſi à couvrir la tombe de larmes.

« M. de Gournay trouvait à chaque pas » de nouveaux motifs de ſe confirmer » dans le principe que la liberté eſt l'ame » du commerce, & de nouvelles armes » contre les gênes qu'il attaquait. Il re- » cueillait les plaintes des Fabricants » ſans appui. Il s'attachait à dévoiler l'in- » térêt caché qui avait fait demander » comme utiles des réglements dont tout » l'effet était de mettre encore plus le » pauvre à la merci du riche. Les fruits » de ſes voyages furent la réforme d'une » infinité d'abus de ce genre; une con- » naiſſance du véritable état des Provin- » ces plus sûre & plus capable de diriger » les opérations du Miniſtere; une appré- » ciation plus exacte des plaintes & des » demandes; la facilité procurée au peuple » & au ſimple Artiſan de faire entendre » les ſiennes; enfin une émulation nou- » velle ſur toutes les parties du commerce, » que M. de Gournay ſavait répandre par » ſon éloquence perſuaſive, par la net- » teté avec laquelle il rendait ſes idées, & » par l'heureuſe contagion de ſon zele » patriotique ».

Depuis 1755 jusqu'en 1759, M. Turgot s'éloigna peu de M. de Gournay. Enfin il perdit cet ami respectable, qui mourut dans un âge prématuré. Il avait déjà perdu, par un accident funeste, M. le Marquis *de Chambors* son parent, son ami intime, un des compagnons de sa jeunesse. Il commençait à connaître les véritables peines de la vie. Le tribut qu'on rend aux mânes d'un ami, quoiqu'exigé par la vérité, quoiqu'ayant pour le cœur qui le dicte une sorte d'attrait douloureux & tendre, ne fait qu'enfoncer plus profondément dans l'ame le regret d'en être séparé pour jamais. M. Turgot fit l'éloge de M. de Gournay, & l'en regretta chaque jour davantage.

Il fut chercher la seule consolation qui convînt à un cœur comme le sien, à Montigny, chez M. Trudaine. Cet ancien & respectable Magistrat aimait tendrement M. de Gournay, & chérissait beaucoup aussi M. Turgot. Il crut devoir faire hériter ce dernier de toute l'affection qu'il avait portée à leur ami commun. M. *Trudaine* n'était pas un homme susceptible de prévention : plein de sagesse & de perspicacité, excellent observateur des hommes & des choses, il avait reconnu & pesé les grandes qualités de M. Turgot, & regardait comme un devoir de les appliquer à l'utilité publique, & de leur prêter tout l'appui que son âge, son expérience, & la haute considération dont il jouissait dans le Conseil le mettaient à portée de donner à un jeune Magistrat. C'est en grande partie aux lumieres & au courage de M. Trudaine que M. Turgot a dû l'heureuse liberté qu'il a eue, de tenter dans son Intendance les grandes réformes qu'il y a exécutées avec tant de succès. Mais n'anticipons point sur les événements.

Après avoir resté quelque temps à Montigny, M. Turgot en partit pour aller voir les Alpes & la Suisse. Il passa par Lyon, fut à Geneve, parcourut le pays de Vaud, & revint par Zurich, Basle & l'Alsace.

Ce fut dans ce voyage à Lausanne en 1760, âgé de trente-trois ans, qu'il éprouva la premiere attaque de la maladie funeste qui l'a conduit au tombeau. C'est un des phénomenes de cette maladie, quand elle commence d'ajouter à l'activité des victimes qu'elle doit immoler un jour. Les premieres douleurs qu'elle cause laissent l'esprit libre, agitent le sang, & lui donnent plus d'effervescence. Elle allume le flambeau qui va l'aider à consumer sa vie.

M. Turgot a rédigé dans ce voyage des observations sur la forme & la nature des montagnes & des vallons qu'il a parcourus ; & sur la qualité des terres & des pierres qu'on y trouve ; observations qui montrent combien il était un naturaliste exact, profond & judicieux. Il en a laissé d'autres très-curieuses sur l'Agriculture, & d'autres plus étendues & non moins intéressantes sur le Commerce & les Fabriques des lieux où il a séjourné.

A son retour, il reprit ses travaux à la suite du Conseil, & fut nommé Intendant de la Généralité de Limoges, le 8 Août 1761.

Le premier besoin de l'ame de M. Turgot était celui d'être utile au genre humain. Il croyait alors, il a cru long-temps: c'est une erreur au moins excusable, que les places de l'administration offraient le meilleur moyen de servir la Patrie & l'humanité ; & c'est assez tard qu'il a été convaincu que, vu l'instabilité qui tient à nos mœurs, une découverte heureuse, un livre fait avec soin sur une matiere importante, sont d'une utilité plus grande & plus réelle que celle de la loi la plus sage,

dont

dont rien n'assure l'exécution, & de l'établissement le mieux combiné, dont rien ne garantit la durée.

Mais si nos enfants peuvent avoir à regretter qu'il n'ait pas vu toujours ainsi, nous du moins, & nos contemporains, le Peuple d'une grande partie du Royaume, & celui sur-tout des Provinces qui lui furent plus particuliérement confiées, nous devons bénir le zele & le courage qui lui ont fait consacrer son temps, ses efforts, sa santé, sa vie, à notre bien du moment, dont quelques conséquences pourront s'étendre jusqu'à nos neveux.

M. Turgot trouva la Généralité de Limoges dans un état de pauvreté effrayant. On y avait établi une espece de taille tariffée sur une sorte de cadastre qu'avait fait faire M. de Tourny. Mais du temps de M. de Tourny, l'Administration & les Gens de Lettres ignoraient encore généralement les principes d'après lesquels on peut juger du revenu des terres.

Dans les pays de grande culture, où l'on trouve des Fermiers qui se chargent de l'exploitation d'un bien, & qui en font les avances, ces Fermiers ont de tout temps calculé à-peu-près quelle portion du produit doit être consacrée à le perpétuer. Ils gardent cette portion, & ne s'engagent à payer que le surplus. Dans ce surplus des fraix nécessaires pour perpétuer l'exploitation, sont comprises la portion que le décimateur préleve en nature, & la somme d'imposition dont le Fermier ou la terre sont chargés. Le propriétaire du sol reçoit le reste, qui forme son revenu.

Dans les pays de petite culture, au contraire, où le propriétaire est obligé de donner avec son domaine un capital considérable en bestiaux & instruments aratoires, & d'avancer de plus la semence & la substance du colon jusqu'à la récolte, qui se partage ensuite entre eux, il est très-difficile de connaître quel est le revenu réellement libre & imposable. Il est clair que ce qui est nécessaire pour renouveller les bestiaux & les instruments, & pour réparer les dommages causés par les accidents de toute espece, toujours à la charge du propriétaire dans ces Provinces, n'est pas un revenu dont il puisse disposer. Il est clair que l'intérêt qu'il peut retirer de ces avances en bestiaux, en outils, en semences, en nourriture pour son Métayer, est le produit d'un capital qu'il a été obligé d'avoir indépendamment de ſa terre, ou d'emprunter pour la mettre en valeur, & que ce n'eſt point le revenu même de ſa terre.

On commence à ſentir aujourd'hui ces vérités, & même à trouver qu'il n'y a pas eu grand mérite à les appercevoir; mais alors on n'y avait point encore penſé, & M. Queſnay eſt le premier qui, partant du calcul implicite que font les Fermiers dans les pays de grande culture, & le développant, eſt parvenu à diſcerner ce qui, dans une récolte, doit ſervir à rembourſer les fraix, & à payer l'intérêt des avances de l'établiſſement. C'eſt M. Queſnay qui a démontré que le ſurplus ſeul forme un *produit net*, qui conſtitue le revenu réel de la propriété fonciere, & la ſeule partie des récoltes à laquelle on puiſſe demander de contribuer à l'impôt, ſi l'on ne veut ruiner la Société; puiſque celle-ci ne peut ſubſiſter qu'autant que les récoltes ſe perpétuent, & que les récoltes ne peuvent ſe perpétuer qu'autant qu'on ne retranche rien des travaux & des dépenſes dont elles ſont le fruit.

Des eſprits très-frivoles ont cherché à tourner en ridicule l'obſervation importante & les calculs de M. Quesnay. Le ridicule est en France une arme que l'intérêt & l'intrigue manient très-adroitement, & qui supplée au raisonnement qu'ils n'emploieraient pas avec autant d'avantage. Le ridicule est sûr de frapper son coup, & de reculer pour un temps le succès des découvertes & des entreprises les plus utiles. Mais il s'émousse à la longue contre la raison & la vérité, & il n'empêchera pas la judicieuse remarque de M. Quesnay, les principes qu'il en a tirés, & l'usage qu'en a fait M. Turgot, d'être comptés parmi les plus grands services qu'on ait pu rendre aux Peuples, a x Rois, au genre humain.

Il serait très-injuste de faire un reproche à M. de Tourny, d'avoir ignoré, lorsqu'il commença son opération en 1738, ce qu'aucun homme instruit ne savait avant 1756 ; mais rien ne se peut comparer au désordre où la Province se trouvait plongée par cette opération, qui avait nécessairement manqué de premiers principes, & que son étendue, & la rapidité avec laquelle on l'avoit pressée, avait chargée de défauts dans l'exécution.

On avait arpenté environ les deux tiers

de la Province ; mais on n'avait point fait de cartes de cet arpentement. Sur les simples brouillons des Arpenteurs, on avait fait des procès-verbaux généraux des Paroiſſes, & des *feuilles de relevé*, contenant chacune les articles qui devaient ſervir à former la cotte de chaque particulier. Il ſe trouvait, par des erreurs de copiſtes, que les feuilles de relevé n'étaient point d'accord avec les procès-verbaux ; & il était impoſſible, par le défaut de cartes, & ſans les brouillons originaux qu'on n'avait point conſervés, de ſavoir lequel du procès-verbal ou des feuilles de relevé méritait le plus de confiance.

Des abonnateurs, qui n'avaient & ne pouvaient avoir aucune lumiere ſur la ſcience encore ignorée de calculer les fraix de culture, & de les ſouſtraire des récoltes pour en connaître le revenu, avaient enſuite eſtimé les héritages ; & cette eſtimation faite rapidement, ſans diſcuſſion avec les propriétaires, ni avec les cultivateurs, avait ſervi de baſe pour répartir entre les contribuables de chaque Paroiſſe la même ſomme de principal de taille qui y avait été précédemment impoſée. Il en réſultait que dans des Paroiſſes la taille paraiſſait à un ſol pour livre du revenu eſtimé, & dans d'autres à cinq ſols pour livre. Mais comme l'eſtimation du revenu n'avait elle-même aucune baſe, la diſproportion pouvait être plus faible ou plus forte, & perſonne n'était à portée de le ſavoir.

L'incertitude originelle de toutes les parties de cette opération ſe trouvait énormément accrue, parce que depuis vingt-deux ans on n'avait fait aucune vérification, ni pris aucun ſoin de conſtater les changements de propriété par ſucceſſions, ventes, échanges ou abandons; de ſorte que les Paroiſſes étaient impoſées par des rôles qui n'avaient aucun rapport avec leur ſituation réelle; & il ſe trouvait une infinité de fauſſes taxes & de cottes inexigibles, que les Collecteurs étaient néanmoins obligés d'acquitter, ſauf à les réimpoſer l'année ſuivante par forme de rejet, ſur ce qui reſtait des anciens contribuables, dont preſqu'aucun n'avait ſa propriété dans le même état où elle avait été vingt-deux ans auparavant.

Telle était la ſituation des deux tiers de la Province.

L'autre tiers n'avait pas été arpenté.

On y avait pour base de la répartition d'anciennes déclarations des propriétaires sur l'étendue & la qualité de leurs héritages, d'après lesquelles on avait estimé qu'ils devaient porter telle ou telle part de l'imposition. Les héritages avaient tous varié dans cette partie de la Province, comme dans l'autre qui avait été arpentée, & l'on avait encore moins de moyens d'y suivre les mutations de propriété.

On avait, d'ailleurs, dans cette partie de la Province, confondu parmi les objets de revenus, les bestiaux même de labour, qui ne sont qu'un instrument dispendieux pour le faire naître, & tous les bestiaux y étaient soumis à une imposition par tête.

Cependant, comme les anciens propriétaires avaient eu grand soin de faire leurs déclarations fautives, il y avait moins de murmures dans cette partie de la Province, que dans celle qu'on avait arpentée, où l'arpentement, si le reste de l'opération eût été bien fait, devait offrir une regle plus équitable & plus solide.

On avait présumé la fausseté des déclarations, & l'on avait été conduit, par la vraisemblance de leur infidélité, à établir des taux différents pour les deux parties de la Province. Dans la partie arpentée, les profits particuliers de ferme étaient taxés à deux deniers pour livre, & dans la partie non-arpentée à quatre deniers. On se servait de la même raison pour justifier l'imposition par tête du bétail étendue jusques sur les bestiaux de labour. Cette imposition ne s'appliquait dans la partie arpentée qu'aux troupeaux & aux bestiaux qu'on engraisse pour les vendre.

En tout, la plus profonde ignorance de la vraie situation des contribuables était générale ; on n'avait pas le moindre élément pour juger de leurs réclamations & de leurs plaintes. MM. les Intendants assiégés par ceux qui trouvaient accès ou crédit auprès d'eux, ne pouvaient que céder aux demandes, toujours plausibles, mais dont la Justice était impossible à vérifier, & le plus grand nombre des malheureux ne pouvant, ni se faire entendre, ni, quand on les eût écoutés, prouver, dans cette obscurité universelle, que leurs réclamations fussent bien fondées, tombait dans le découragement absolu.

M. Turgot entreprit de débrouiller ce cahos, & l'on ne peut voir, sans un respect mêlé d'attendriſſement, quel effroyable travail il lui en a coûté.

Il propoſa d'abord au Miniſtere une Déclaration qui a été rendue le 30 Décembre 1761, pour donner aux Elections, & par appel aux Cours des Aides, une connaiſſance légale des regles particulieres établies dans la Généralité de Limoges; en faiſant dépoſer aux Greffes des Elections un double de l'inſtruction qui ſe trouve à la tête des rôles, & tous les ans un double des Regiſtres relatifs à chaque Paroiſſe, & des feuilles de relevé de chaque cotte, afin de mettre ces Tribunaux à portée de prononcer avec quelque lumiere, ſur les oppoſitions aux cottes qu'on préſentait devant eux.

Tous les rôles des tailles de la Province ſe faiſaient dans deux Bureaux établis, l'un à Limoges, & l'autre à Angoulême; & ces deux Bureaux n'étaient à portée de faire aucune des vérifications néceſſaires pour mettre les rôles d'accord avec la ſituation effective des Paroiſſes: ce qui n'avait pas peu contribué à introduire le déſordre que les changements de propriété par vente ou partage, & les variations de culture avaient multiplié d'année en année.

M. Turgot ſupprima ces deux Bureaux. Il établit des Commiſſaires aux tailles, à chacun deſquels il attribua un petit arrondiſſement, & qu'il chargea d'aller vérifier l'état réel des Paroiſſes.

Les inſtructions qu'il leur donna embraſſent les plus grands détails. Il avait prévu avec une extrême ſagacité, toutes les difficultés du travail qu'il leur confiait. Il leur indiquait les moyens de les vaincre, & leur faiſait ſentir l'importance & la néceſſité d'y parvenir. Il le leur rendait plus facile, en priant les Curés de leur communiquer les regiſtres des naiſſances, des mariages & des ſépultures, & en leur faiſant délivrer par les Notaires & les Contrôleurs des actes, les extraits des contrats paſſés dans leur arrondiſſement.

Mais ſes inſtructions ne ſe bornaient pas à la partie des impoſitions, qui était le principal objet du travail. Son eſprit de bienfaiſance s'étendait plus loin.

« Vous devez vous regarder, écri-
» vait-il aux Commiſſaires des Tailles, com-
» me autant de Subdélégués ambulants....

» Ne négligez point de vous inſtruire de » l'état de l'agriculture dans chaque Pa- » roiſſe, de la quantité des terres en » friche, des améliorations dont elles » ſont ſuſceptibles, des productions prin- » cipales du ſol, des objets de l'induſtrie, » des Habitants, & de ceux qu'on pour- » rait leur ſuggérer, du lieu où ſe fait » le plus grand débit de leurs denrées, » de l'état des chemins, & s'ils ſont pra- » ticables pour les voitures, ou ſeulement » pour les bêtes de ſomme.

» La poſition du lieu, la ſalubrité de » l'air, les maladies les plus fréquentes » des hommes & des animaux, les cauſes » auxquelles on les attribue, ſont encore » dignes de vos recherches. Vous pouvez » auſſi écouter les plaintes des particu- » liers ſur toutes ſortes d'objets. Vous » vous attacherez à découvrir, autant » qu'il vous ſera poſſible, les abus de tout » genre dont le peuple peut ſouffrir; » déſordres dans différentes parties de » l'adminiſtration, vexations plus ou moins » caractériſées, préjugés populaires qui » peuvent être funeſtes à la tranquillité » ou à la ſanté des hommes. Vous pou- » vez conférer ſur tous ces objets avec

» MM. les Curés à qui j'ai auſſi demandé » de pareils éclairciſſements, avec les Sei- » gneurs & les Gentilshommes que vous » aurez occaſion de voir, avec les prin- » cipaux Bourgeois du canton..... Je ſerai » fort aiſe de connaître toutes les per- » ſonnes qui ſont en état de me donner » des éclairciſſements utiles. Vous me » ferez plaiſir de m'indiquer ceux en qui » vous aurez reconnu ces qualités. Vous » vous informerez ſur-tout ſoigneuſe- » ment des Médecins, des Chirurgiens, » des perſonnes charitables qui s'occu- » pent de médecine, & qui diſtribuent » des remedes aux malades.

» Si vous rencontrez quelques hommes » qui ſe diſtinguent par quelque talent, » ou qui montrent des diſpoſitions ſin- » gulieres pour quelque ſcience ou quel- » que art que ce ſoit, vous m'obligerez » de ne me les pas laiſſer ignorer. Je » chercherai les occaſions de les em- » ployer, & de ne pas laiſſer leur talent » enfoui.

» Vous me ferez plaiſir de prendre » note des habitants à qui, dans le tra- » vail des vérifications, vous remarque- » rez le plus d'intelligence, & qui paſ-

» ſent pour avoir le plus de probité...
» Quoique cette partie de vos fonctions
» ne ſoit liée que d'une maniere éloignée
» avec l'objet direct de votre voyage, je
» ſuis perſuadé qu'elle vous deviendra de
» plus en plus précieuſe ; & je ne doute
» pas qu'elle ne ſerve auſſi beaucoup à
» vous concilier l'affection & la con-
» fiance des Habitants ».

M. Turgot était ſouvent obligé de renouveller ſes inſtructions & ſes exhortations, & il le faiſait toujours avec la même bonté & la même clarté. Nul homme n'a plus compté que lui ſur le pouvoir de la raiſon & des bonnes intentions démontrées ; & il ne s'eſt jamais permis aucun acte d'adminiſtration, ſans avoir développé, à tous ceux que la choſe intéreſſait, ſes projets, ſes vues & ſes motifs.

Il parvint, à force de peines, à rendre les feuilles de relevé conformes à la ſituation des Paroiſſes.

Il ſupprima l'impoſition par tête de bêtes à laine.

Il aſſura des exemptions aux ſeptuagénaires & aux parents chargés de famille, en raiſon du nombre de leurs enfants, d'après l'eſprit d'une ancienne loi preſque généralement tombée en désuétude, mais dont il restait quelques traces dans la Province. M. Turgot étendit sur un plus grand nombre d'impositions ces exemptions qui n'avaient encore porté que sur l'industrie ; & pour l'exécution de ses vues à cet égard, il employa les soins des Curés qui connaissent mieux que personne l'état des familles.

Il les priait aussi de l'instruire des pertes de bestiaux & des autres accidents physiques qui pouvaient arriver dans leur Paroisse, afin d'être à portée d'y proportionner les modérations d'imposition, ou les secours du Gouvernement.

Il est d'une extrême difficulté par-tout, mais d'une bien plus grande encore dans les Provinces pauvres, de trouver des hommes capables de seconder les vues bienfaisantes de l'administration. Dans cette disette d'hommes instruits & accrédités, M. Turgot comprit toute l'utilité qu'on pouvait tirer des Curés, pour établir un point de communication raisonnable entre l'autorité & le peuple.

Le Curé est une espece de Magistrat, que la sainteté de son ministere, & la charité qu'il exerce ordinairement, font naturellement respecter ; & si leur aisance était plus grande, s'ils étaient assurés d'en jouir paisiblement, par une forme qui ne les soumît à aucune discussion avec leurs Paroissiens, de sorte que des gens qui auraient reçu la meilleure éducation pussent desirer & rechercher les Cures de campagnes, il n'y a point de doute que le Gouvernement ne pût trouver beaucoup d'avantage dans les services que les Curés seraient à portée de lui rendre, & qu'il ne fît bien alors de leur accorder un très-grand degré de confiance. C'est une puissante raison de s'occuper de tous les moyens d'étendre leur bonheur, & de leur épargner, autant qu'il est possible, les tentations auxquelles leur état actuel les laisse exposés, qui enfantent des procès, & qui peuvent en entraîner quelques-uns à ne pas garder toute la dignité de leur ministere.

M. Turgot aurait souhaité que leur sort fût amélioré sous tous les aspects ; mais il faut faire le plus de bien que l'on peut, avec les choses comme elles sont, quand on ne saurait les changer ; & dans l'état actuel même, les Curés étant presque les seuls hommes lettrés des Paroisses de campagne, & obligés de prêcher la morale, d'appaiser les querelles, de recommander la concorde & l'union, le poids de ces fonctions paternelles rend leur secours très-désirable pour préparer l'esprit du peuple au bien qu'on veut lui faire : car on a tant & si long-temps fait du mal aux classes inférieures de la Société, qu'elles ne peuvent entendre parler de l'administration qu'en tremblant, & s'imaginent toujours qu'on ne s'occupe d'elles que pour enlever à leur pauvreté le fruit pénible de ses sueurs.

M. Turgot crut donc devoir établir une correspondance suivie avec les Curés de sa généralité. Il mettait une bonté si touchante dans les lettres qu'il leur écrivait ; il leur développait si clairement ses intentions ; il prévenait, il résolvait si bien leurs objections & celles qu'ils pourraient avoir à écouter, qu'il était impossible qu'ils ne rendissent pas justice à ses plans & à ses vues, qu'ils ne prissent pas la plus grande confiance en lui, & qu'ils ne l'inspirassent pas à leurs Paroissiens.

L'opération dans laquelle ils lui ont été le plus utiles, ou, pour mieux dire, aux Provinces dont le soulagement & le bonheur

heur étaient l'objet de ſon travail, a été l'établiſſement d'une forme pour faire les chemins à prix d'argent.

Quand M. Turgot entreprit, dans ſa Généralité, cette opération importante, ce n'était pas une queſtion chez les gens qui s'occupaient du bien public, de ſavoir s'il était avantageux & juſte d'abolir la corvée. Les Parlements faiſaient peu de remontrances alors où ils ne fiſſent mention des dangers, des déprédations, & des abus de cette impoſition, toujours plus forte que ne le demande le beſoin auquel elle doit pourvoir, & qui par ſa nature ne ſaurait être répartie avec égalité. La grande réputation de l'*Ami des hommes* avait été en partie fondée par un livre contre les corvées. Toutes les obſervations, tous les calculs politiques démontraient qu'il était néceſſaire & preſſant d'adopter une autre maniere de faire les chemins. Et en effet, il eſt ſi viſible que des gens qui viennent travailler de trois ou quatre lieues, perdent une partie de leur temps en route; que des gens qui n'ont pas d'habitude d'un métier le font mal; que des gens qui ne ſont point payés travaillent ſans courage, & avancent peu;

que des gens qui ont des travaux aussi importants à toute la Société que ceux de l'agriculture, ne peuvent employer ailleurs le temps, les bestiaux & les voitures qu'ils y devraient consacrer, sans que ce dérangement de leurs travaux champêtres ne produise sur leurs récoltes une perte considérable, & beaucoup plus que ne peut l'être la valeur de leur travail sur les chemins : il est si sensible que la société doit cependant être servie avec le moins de fraix & de pertes qu'il soit possible pour ses membres ; tout cela est d'une clarté si frappante, qu'indépendamment même des considérations de justice & d'humanité, il n'y a personne de sang-froid qui puisse douter qu'il ne soit plus utile à l'Etat de faire des chemins par adjudication, & de payer ces adjudications par une imposition, que d'ordonner des corvées dont le travail est infiniment plus mauvais, & coûte infiniment plus cher.

C'est ce qu'on disait alors : on n'avait pas encore oublié que, selon les constitutions des Empereurs & l'antique & véritable droit du Royaume, nul ne devait être exempt de contribuer à la réparation des chemins. On citait une Ordonnance de

Théodofe & des Capitulaires de nos Rois, qui difent que *les Eglifes elles-mêmes y font affujetties*. Auffi M. Turgot vit fon entreprife appuyée par le vœu public, lorfqu'il la commença en Limoufin. Le Parlement de Bordeaux & les Cours des Aides de Paris & de Clermont l'approuverent, & regarderent comme un devoir d'y coopérer. Lorfqu'il l'eût exécutée, il fut univerfellement applaudi. Le fuccès perpétué pendant douze années contribua beaucoup à fa réputation; il a fervi peut-être à lui frayer le chemin du Miniftere: & ce n'eft que lorfqu'il a voulu faire à la Nation entiere le bien qu'il avait fait à trois Provinces dont fon Intendance était compofée, que l'on s'eft avifé tout-à-coup de changer d'opinion à la Cour & à la Ville, & que le peuple du Limoufin, de l'Angoumois & de la Baffe-Marche a paru refter prefque feul à bénir les vues & les bienfaits de M. Turgot. Cette finguliere révolution qui tient à plufieurs caufes dont l'examen ne peut qu'être utile, & fur lefquelles nous nous permettrons de jeter au moins un coup-d'œil, n'eft pas un des traits hiftoriques les moins propres à caractérifer notre fiecle; à l'empêcher de s'énorgueillir du grand progrès de lumieres dont il se vante, ou du moins à empêcher de faire beaucoup de fonds sur le pouvoir de ces lumieres pour l'utilité publique.

Mais si les Limousins ont été plus constants que les Parisiens dans leurs applaudissements pour l'abolition des corvées, & si leur suffrage à cet égard est plus imposant, parce qu'ils ont essayé long-temps de l'un & de l'autre régime, tandis que les Parisiens parlent de tout, assez à la légere, & n'ont l'expérience de rien ; ils avaient d'abord été moins faciles à persuader.

Il leur paraissait si étrange que leur Intendant fît un grand travail, & prît beaucoup de mesures & de peines pour leur épargner celle de faire gratuitement les chemins, qu'ils ne pouvaient s'imaginer qu'il n'y eût pas quelque piége caché sous cette opération.

Il est vrai que la forme que M. Turgot avait été obligé de prendre était assez compliquée, & demandait d'être développée avec soin, qu'elle demandait même l'expérience pour pouvoir être bien comprise d'un peuple peu éclairé. La crainte que le Gouvernement ne détournât à un autre usage les fonds destinés aux chemins, était la ſeule objection au projet de les faire à prix d'argent, qui ne fût malheureuſement pas abſurde, & la ſeule qui eût empêché M. Trudaine, alors chargé de cette adminiſtration, de prendre depuis long-temps ce parti. M. Turgot imagina de profiter de l'inſtruction donnée en 1737 aux Intendants, & qui les autoriſe à faire exécuter, par des Ouvriers payés, les tâches des Paroiſſes qui ne s'en ſeraient pas acquittées, & à impoſer enſuite la valeur de ce travail ſur la Paroiſſe. Il propoſa aux Paroiſſes qui avaient des tâches à remplir de délibérer pour les faire faire à prix d'argent par adjudication au rabais, & de s'obliger par leur délibération à en ſolder la dépenſe; leur promettant d'avoir égard, dans le département des impoſitions, à cette dépenſe qu'ils auraient faite, comme dans le cas d'une grêle ou dans celui d'une conſtruction de Preſbytere, & de leur accorder en conſéquence une modération ſur l'impoſition ordinaire, égale à la valeur de la ſomme qu'elles auraient payée pour les chemins.

De cette maniere, chaque Paroiſſe limitrophe des routes ſe trouvait engagée directement envers l'adjudicataire de ſa tâche. Il n'y avait point de fonds libres dont aucune autorité pût s'emparer. Il n'y avait qu'une créance exigible d'un particulier entrepreneur contre une Paroisse. La totalité de la valeur des adjudications de la Province s'ajoutait à la masse des impositions ordinaires, & se trouvait répartie sur toutes les Paroisses, au marc la livre de la taille; & celles qui avaient fait l'avance, étant déchargées, par forme de modération, du montant de cette avance, se trouvaient ne payer en résultat que leur quote-part de la contribution générale.

Nous ne devons pas chercher à dissimuler, & M. Turgot savait mieux que personne, que cette forme était imparfaite. La répartition de l'imposition pour les chemins proportionnellement à la taille, avait, il est vrai, l'avantage de faire porter cette dépense publique sur toutes les Paroisses, au lieu que la corvée ne pouvait s'exiger que de celles voisines des atteliers. Elle avait celui d'étendre la contribution sur les Habitants des Villes taillables, dont plusieurs étaient exempts de corvée. C'était toujours un bien de diminuer ainsi le fardeau en le partageant. Mais c'était encore éluder trop l'application des principes de droit naturel & de ceux du Droit civil &

politique de la France, qui disent que les Propriétaires de tous les ordres doivent contribuer à la construction & à l'entretien des routes; & peut-être faut-il avouer que ce défaut considérable dans le plan que les circonstances forcerent alors M. Turgot de préférer, a pu faciliter beaucoup le succès de son opération.

Cette opération ne fut d'abord que tolérée par le Conseil & par les Cours. M. Turgot la fit, sans autorisation spéciale, par ses seules Ordonnances particulieres; elle n'avait donc qu'un degré très- incomplet de légalité. Cependant elle fut généralement louée, parce qu'elle ne choquait les préjugés d'aucune personne puissante. L'Edit par lequel le Roi, sur l'avis de M. Turgot devenu Ministre, voulut dans la suite, par une forme réguliere, & avec la plénitude de son pouvoir, rendre universelle l'abolition des corvées, & revenir aux antiques & plus équitables maximes de la Monarchie sur la maniere de pourvoir à la confection des chemins, a excité de vives réclamations, précisément parce qu'il était plus juste & plus légal; parce qu'il déposfédait le Clergé, la Noblesse, & les Privilégiés d'une exemption que nos anciennes

Loix leur refusent, & qui, sans leur avoir été attribuée par aucune Loi postérieure, s'était trouvée établie de fait, avec l'usage de construire les chemins par corvées.

Cette innovation du dernier siecle n'ayant pu s'étendre que sur le peuple, & même que sur celui des campagnes, les Citoyens d'un rang supérieur, en lui voyant faire exclusivement les chemins, sans qu'on leur eût demandé d'y concourir par aucune contribution en argent, s'étaient accoutumés à croire que la dépense des ouvrages publics ne devait point les regarder; quoique le plus grand profit des routes fût pour eux, puisqu'elles servent principalement au débit & à la valeur des productions, & que ce sont les grands Propriétaires & les Décimateurs qui ont le plus de productions à vendre. Cet état d'usurpation avait dû leur paraître d'autant plus commode, que ce qu'il avait d'odieux ne pouvait leur être imputé, & qu'il se trouvait résulter, d'une maniere insensible, de l'ignorance ou de la faiblesse du Gouvernement, qui n'avait pas songé à réclamer directement pour les routes le concours du revenu des grandes propriétés, ou qui n'avait pas osé le faire.

Les classes distinguées dans la Société étant presque les seules dont les individus reçoivent une éducation soignée, les seules à portée d'exposer, de motiver, de rendre plausible une opinion sur les affaires publiques, les seules qui fassent corps, les seules qui exercent les emplois de l'administration & les Charges de la Magistrature, les seules qui puissent prononcer, tant dans les conversations que juridiquement sur les réclamations qui s'élevent, & leur donner du poids, elles se trouvent Juges & Parties dans leur propre cause. Malheureusement elles n'ont point encore une notion exacte du lien qui attache leurs intérêts à ceux du peuple ; & de là vient qu'il a toujours été aussi aisé d'aggraver les fardeaux que supporte ce dernier ; qu'il a été difficile d'apporter la moindre réforme aux abus dont il gémit, lorsque ceux qui, par leur naissance & par leur état, sont placés au-dessus de lui, ont cru en retirer le plus petit avantage. L'avarice alors s'est couverte du manteau de la dignité, pour conserver les usurpations destituées de fondement, avec autant d'opiniâtreté que les droits réels, & pour opposer la plus forte résistance aux vues paternelles du Légiſlateur : c'eſt ce qu'on a vu arriver relativement à l'Edit qui ſupprime les corvées.

Ce n'eſt pas que cet Edit ne fût utile à ceux mêmes qui ſe ſont élevés contre lui. Ils comprendront un jour que tous les ſervices, les travaux & les impoſitions qu'on exige des Cultivateurs de leurs domaines, retombent ſur le revenu de ces domaines ; & y retombent augmentés d'une ſurcharge d'autant plus forte, que les Cultivateurs ſont obligés, dans leurs conventions avec les Propriétaires, de s'indemniſer non-ſeulement du fardeau dont ils reſſentent le poids, mais encore de ce qu'ils en redoutent & de ce qu'il peut y avoir d'arbitraire & d'imprévu dans ſa répartition : de ſorte que les Propriétaires payent en réſultat, & ce qu'il en coûte à leurs colons, & l'intérêt de l'avance qu'en font ceux-ci, & l'*aſſurance*, ſi l'on peut employer ici cette expreſſion de commerce, ou la garantie d'un danger qu'ils appréhendent toujours, quoiqu'il doive ſouvent être imaginaire. Si ces faits avaient été connus de tout le monde, comme ils le ſeront par la ſuite, comme ils le ſont déjà du petit nombre de Propriétaires qui administrent avec soin leurs héritages, quelque désir que les gens, à qui les abus sont chers, pussent avoir de se délivrer d'un Ministre qui les attaquait avec autant de courage, leurs murmures particuliers n'eussent pu produire aucune réclamation positive; & l'Edit par lequel les corvées sont abolies dans tout le Royaume, plus conforme au droit national, que ne l'avaient été les Ordonnances de M. Turgot en Limousin, n'aurait pas éprouvé plus d'obstacles qu'elles. Mais ceux qu'il a rencontrés montrent assez qu'avec le degré borné d'autorité dont un Intendant jouit dans sa Province, M. Turgot avait agi prudemment, en ne s'exposant, lors de sa premiere opération, à aucune contradiction de la part du Clergé, ni de la Noblesse, & en bornant, quoiqu'à regret, les mesures qu'il avait à prendre à l'ordre de Citoyens dont on confie plus particulierement l'administration aux Commissaires départis du Conseil.

Son esprit équitable & doux savait montrer des égards à ce Peuple même. Il ne se permettait les ordres qu'après la persuasion. La marche qu'il avait à suivre, ne pouvait être auſſi ſimple qu'il l'aurait déſiré ; il mit du temps ; il employa pluſieurs Lettres circulaires aux Curés, à leur faire bien comprendre, à rendre clairs pour les Payſans même, tous les détails de ſon plan ; à calmer ainſi l'inquiétude que leur inſpire toute nouveauté venant de l'adminiſtration. L'opération commencée en 1762, ne fut complettement & généralement exécutée qu'en 1764 ; mais depuis cette époque les chemins ont toujours été faits & entretenus à prix d'argent dans la généralité de Limoges. L'imposition a varié ſelon qu'on a voulu hâter plus ou moins les conſtructions nouvelles. Il y a eu des années où elle n'eſt montée qu'à *quarante mille écus*, elle n'en a jamais paſſé *cent mille*.

Avec cette modique ſomme, on a fait la route de Paris à Toulouſe par Limoges, & celle de Paris à Bordeaux par Angoulême, commencées depuis quatre-vingts ans par la corvée, & auſſi peu avancées qu'au commencement ; car l'ouvrage avait été ſi conſtamment mal fait par les corvoyeurs, qu'une partie avait toujours été détruite, avant que l'autre fût achevée. On a fait la route de Bordeaux à Lyon par Limoges & Clermont ; celle de Limoges à la Rochelle par Angoulême ; celle de Limoges en Auvergne par Eymoutiers & Bort ; on a fait une partie de celle de Bordeaux à Lyon par Brive & Tulle ; une partie de celle de Limoges à Poitiers ; une partie de celle d'Angoulême à Libourne par Saint-Aulaye ; & l'on a rendu praticable la route de Moulins à Toulouſe par la montagne. C'eſt plus de *cent cinquante lieues* de route dans le pays le plus difficile ; où il faut ſans ceſſe monter & deſcendre. Toutes les pentes ont été adoucies avec tant d'intelligence, qu'il n'en eſt aucune qui demande que pour la monter on rallentiſſe ſenſiblement ſa marche, & que les Roulliers n'ont jamais beſoin d'enrayer pour deſcendre. On croirait, en voyant la quantité de rocs qu'il a fallu briſer, & de terres qu'il a fallu remuer, qu'on y a conſumé les tréſors d'un grand royaume. On n'y a employé que les faibles moyens d'une Province pauvre ; & ces travaux qui ont fourni des ſalaires à ſes Habitants malheureux, ont été faits au milieu des bénédictions. Ils n'ont pas coûté une larme, tandis que tant d'autres travaux publics ont été baignés de pleurs.

L'entretien eſt auſſi ſoigné & auſſi peu coûteux que la conſtruction a été ſuperbe & économique. L'entrepreneur eſt obligé par ſon marché de garnir de petits tas de pierres le bord du chemin ; & pour quinze ſols par jour, un ſeul homme eſt chargé de l'entretien d'environ trois lieues. Il ſe promene chaque jour d'un bout de ſa tâche à l'autre avec une hotte & une pelle ; s'il voit un commencement d'orniere, il y met une pellée de cailloux qu'il étale avec ſoin : l'orniere n'a jamais le temps de ſe former. Si l'on en trouvait une, on punirait la négligence du manœuvre dont le devoir était de la prévenir par la perte de ſes appointements d'une ſemaine ; à la ſeconde fois, on lui retrancherait la paye de quinze jours ; à la troiſieme, il ſerait deſtitué. Jamais on n'a été obligé de prononcer ces peines, & d'un bout de la Province à l'autre les chemins ſont auſſi beaux que les allées de nos jardins.

Quand M. Turgot n'aurait rien fait de plus, ſa gloire mériterait d'être durable comme les montagnes, dont les difficultés ont été applanies par ſes ſoins, avec ſi peu de dépenſe, avec une dépenſe ſi profitable au peuple, en le ſoulageant d'un fardeau ſi cruel.

Nous diſons que c'eſt lui qui a fait diſparaître les difficultés extrêmes que le ſite montagneux de ſa Généralité oppoſait à la conſtruction des chemins; & nous ſerions fondés à le dire, quand il n'y aurait eu de part que comme Adminiſtrateur qui a ordonné les travaux, & qui a diſpoſé les moyens bienfaiſants de les exécuter. Mais l'expreſſion eſt vraie dans tous les ſens. M. Turgot ne s'eſt pas borné à être l'ordonnateur des magnifiques chemins de ſa Province; il en a été le premier ingénieur. Bravant l'intempérie des ſaiſons, plus variable qu'ailleurs, dans les pays de montagnes, il a été avec M. *Treſaguet*, aujourd'hui Inſpecteur général des ponts & chauſſées, choiſir les pentes, décider leurs contours, les faire tracer ſous ſes yeux, toiſer les déblais & les remblais, & s'éclairer d'avance ſur la dépenſe qui ſerait néceſſaire.

C'eſt-là qu'il s'eſt perfectionné dans la connaiſſance de tous les détails de la conſtruction des routes, qu'il a développés enſuite avec tant de ſagacité, de prudence & de bonté dans les deux inſtructions qu'il a rédigées pour la conduite des atteliers de charité, en 1766 & en 1775.

C'est lui qui a proposé le premier au Ministere ces atteliers de charité, cette maniere noble & utile de soulager dans les années de disette ou de cherté les besoins véritables du peuple, sans lui fausser l'esprit, par la persuasion que le Gouvernement doive le nourrir, soit qu'il travaille ou ne travaille point, & fixer le prix des denrées à sa portée, au lieu de le mettre à portée de les acquérir; sans lui corrompre l'ame par l'habitude de l'oisiveté & d'une oisiveté exigeante; sans lui avilir le cœur par le sentiment de sa misere, que les aumônes gratuites réveillent toujours; & en lui laissant croire au contraire qu'il n'a d'obligation à personne, qu'il ne doit sa subsistance qu'à ses propres efforts, qu'il a bien gagné le pain qu'on lui procure; cette pieuse & sage institution qui, par la bienfaisance du Roi, excite celle des grands Propriétaires; & du sein de la calamité même, fait sortir les chemins vicinaux qui vont répandre partout la prospérité & la vie : cet art de secourir la pauvreté présente, en diminuant les causes de la pauvreté future, & de

payer

payer les hommes pour qu'ils ſe faſſent du bien. C'eſt encore là un de ces ſervices rendus à l'humanité qui couvriraient les fautes d'une vie entiere. Qu'eſt-ce donc qu'une vie qui toute entiere n'eſt compoſée que de telles actions (*) ?

M. Turgot a eu dans ſon Intendance à ſoutenir deux de ces années malheureuſes, où le dérangement des ſaiſons détruit preſque totalement l'eſpoir du Laboureur. Il a eu la tâche pénible de lutter contre les beſoins réels, & contre les préjugés qui les augmentent, & contre l'univerſelle manie des précautions imprudentes, vaniteuſes ou intéreſſées qui les aggravent.

Ces grandes occaſions développaient toutes les qualités de ſon ame, toujours égale-

(*) Le grand & utile ſecours que le Peuple de la Généralité de Limoges avait trouvé dans les atteliers de charité, en 1766, 1767, 1768 & 1769, fit adopter au Gouvernement cette inſtitution louable, qui fut étendue ſur les autres Provinces du Royaume en 1770, & principalement par les ſoins de *M. Albert*, alors Intendant du Commerce, & chargé du département des ſubſiſtances. Depuis ce temps il y a toujours eu un fonds annuel deſtiné à ce genre de travail, & il préſente à la pauvreté particuliere un ſoulagement qui tourne au profit de l'aiſance publique.

ment bonne & forte. Aucun besoin n'a jamais paru à ses yeux, sans exciter sa compassion & ses secours ; aucun danger, sans augmenter sa fermeté & son courage.

La longue habitude des mauvaises Loix conduit presque par-tout le peuple, & même les Officiers de Police qui veulent capter sa bienveillance, dès qu'il se manifeste quelque cherté dans les grains, à s'emparer de ceux qui passent pour se rendre dans d'autres cantons où la cherté est plus grande encore, & où par conséquent il est plus pressant qu'ils arrivent. Les Propriétaires & les Marchands sont exposés à des insultes, à des taxations de prix, à des ordres de vendre au rabais, qui les ruinent, qui appellent encore plus sur eux la fureur populaire, qui doivent les engager à cacher leurs grains, & les détourner fortement d'en envoyer à des insensés qui les pilleraient, & ne les laisseraient jamais arriver à leur destination. Il est cependant impossible de secourir les cantons les plus dépourvus, si l'on n'y envoie du bled ; il est impossible d'y en envoyer, sans passer par d'autres lieux qui, de proche en proche, éprouvent déjà quelque cherté ; il est impossible d'avoir des grains à porter nulle part, si l'on n'en a point fait des magasins ; il est impossible qu'il y ait des magasins suffisants, si en les formant on est sûr d'être un jour obligé de vendre à perte les grains qu'ils vont renfermer, & de se voir exposé aux plus grands dangers, pour avoir préparé ce secours à l'humanité.

M. Turgot, convaincu de ces vérités, ne souffrit pas que la liberté des transports ou la sûreté des magasins, reçussent aucune atteinte dans sa Province, ni que les Officiers de Police se permissent aucune taxation de prix Il sentait que le Commerce seul pouvoit amener des secours efficaces. Il donna la plus grande protection au Commerce, & le Commerce pourvut aux besoins ; ce qui fournit une réponse excellente, & de fait, à opposer aux personnes qui voudraient des exceptions à la liberté pour les pays de montagnes, à cause de la difficulté d'y faire remonter les grains, & qui ne comprennent pas que cette difficulté physique est au contraire un motif pour éviter plus soigneusement encore d'y ajouter des difficultés politiques & morales. Nul pays n'est plus montagneux que la Généralité de Limoges, &

n'a moins de rivieres navigables ; mais la cherté même y a retenu & mis en vente tout ce qui s'y est trouvé de subsistances ; elle y a fait refluer celle des Provinces voisines, & attiré jusqu'aux secours des pays étrangers.

M. Turgot ne s'est pas borné à protéger le Commerce par l'autorité dont il était dépositaire ; il y a joint de toutes parts les bienfaits & les secours pour les pauvres, qui n'auraient pu atteindre le prix auquel il était inévitable que les grains montassent dans la Province, afin qu'on pût y en apporter du dehors. Il sentait que procurer aux classes les plus indigentes le moyen de payer la denrée au prix où elle était élevée, c'était pourvoir à l'infortune réelle, & appeller, par le débit assuré, l'approvisionnement & l'abondance ; au lieu que gêner le Commerce, arrêter les transports, ou prétendre fixer les prix, ç'aurait été intercepter les secours & causer une famine irrémédiable. Ce fut en conséquence qu'il établit & multiplia les travaux de charité, & les disposa de maniere à pouvoir employer des hommes, des femmes & des enfants. Il avait obtenu pour cela des sommes considérables du Gouvernement, il y ajouta beaucoup de sa propre fortune; & ayant consumé tout ce que son revenu lui laissait de libre, il emprunta encore vingt mille francs pour les répandre en bienfaits.

En tâchant de diminuer ainsi les maux par des actes répétés de bienfaisance générale & particuliere, & d'en tarir la source par toute la vigilance de l'Administrateur, il ne croyait pas avoir assez fait; il étendait plus loin son travail. Il s'occupait de l'instruction publique pour calmer les esprits, & faire connaître combien il importait de respecter les droits des Propriétaires & des Marchands. Il fit réimprimer & répandre dans sa Province un excellent Ouvrage de M. *le Trosne*, qui établissait avec beaucoup de clarté la nécessité du commerce des grains, les dangers & les abus sans nombre des moindres gênes apportées à sa liberté. Il accompagna la distribution de cet Ouvrage d'une lettre circulaire qu'il écrivit aux Officiers de Police, & dans laquelle il leur rendait encore plus manifeste l'intérêt du Public à la conservation de la liberté, & le devoir particulier qui les obligeait à la maintenir & à ne se permettre aucune action, à ne tenir aucun discours qui ne tendissent à la faire respecter (5).

Ce n'est pas la seule fois que M. Turgot ait eu à combattre pour la liberté du Commerce des grains. M. l'Abbé Terray ayant résolu, en 1770, de révoquer celle que l'Edit de Juillet 1764 avait donnée d'une maniere assez incomplette, M. Turgot, en Administrateur, & en Administrateur qui avait plus souffert que personne de la cherté, de la disette, & de plus d'un reste de régime prohibitif qui avait augmenté la difficulté d'y remédier, crut devoir éclairer, autant qu'il dépendrait de lui, les intentions du Gouvernement. Il écrivit à M. l'Abbé Terray sept lettres qui forment le traité le plus complet & le plus parfait de la liberté du commerce des grains; matiere déjà discutée si profondément dans un si grand nombre d'excellents Ouvrages.

Il y démontre que, pour assurer l'abondance, le premier moyen est de faire en sorte qu'il soit profitable d'employer

(5) Cette Lettre, du 15 Février 1766, a été imprimée à Limoges, & réimprimée dans le septieme volume de l'année 1768, *des Éphémérides du Citoyen*.

ſon travail & ſes richeſſes à la production du bled, afin qu'on s'en occupe avec activité, & qu'on puiſſe en recueillir beaucoup; & il fait voir que ſi les Propriétaires & les Cultivateurs ne pouvaient pas diſpoſer librement de leurs récoltes, & étaient expoſés à ce qu'on les leur enlevât à vil prix, la culture du bled leur deviendrait onéreuſe; qu'on s'attacherait de préférence aux autres cultures, & que les récoltes s'affaibliſſant, les diſettes ſeraient plus communes.

Il remarque enſuite que les années étant inégalement fertiles, le ſeul moyen qu'il ſe conſerve des productions des années où la récolte eſt ſurabondante pour celles où elle ſera inſuffiſante, eſt la liberté d'en former des magaſins; & que le meilleur encouragement pour ces magaſins, eſt la ſûreté d'en diſpoſer comme on voudra, lorſque le moment du débit & du profit ſera venu. Il obſerve que les magaſins ne peuvent être bien tenus & profitables, qu'autant qu'on les laiſſe faire aux particuliers, & qu'on protege ce genre d'induſtrie, attendu qu'il n'y a que les particuliers qui ſoignent bien leurs affaires. Les magaſins que feraient le Gouvernement ou les Villes, avec la certitude pour les Adminiſtrateurs que la perte ne les regarde pas, ſeront toujours mal tenus ; & l'avantage pour les ſubalternes de multiplier les fraix dont ils vivent, les rendra toujours ſi diſpendieux, qu'il deviendrait impoſſible de lever ſur la Nation l'impôt néceſſaire pour nourrir ainſi la Nation.

M. Turgot remarque encore que les magaſins & les entrepriſes de commerce de bleds pour le compte du Gouvernement ou des Corps Municipaux, après avoir conſumé des fraix énormes, doivent néceſſairement amener la diſette, parce que nul Commerçant ne peut ni ne veut s'expoſer à la concurrence avec l'autorité ; de ſorte que pour faire à force d'argent & d'impôts, de faibles approviſionnements mal conſervés, on ſe prive de tous les ſecours du Commerce.

Il montre que, ſi l'abondance habituelle des récoltes, réſultante d'une culture bonne & encouragée, & la ſpéculation des magaſins deſtinés à conſerver le ſuperflu des récoltes abondantes, ne ſuffiſent pas pour empêcher les grains de renchérir dans un pays ou dans un canton, il n'y a de moyen d'y remédier que celui d'y apporter des grains d'ailleurs ; & qu'il faut par conséquent que cette secourable opération soit libre & profitable aux Négociants, qui sont toujours plus promptement avertis que personne des besoins, & qui ont plus de correspondances & de facilités pour y pourvoir.

M. Turgot établit enfin dans ces lettres que le véritable intérêt de tous les ordres de la société est que les prix soient peu variables, parce qu'alors les salaires se proportionnent naturellement à la valeur des grains, & que cette valeur n'éprouvant que de faibles variations, les moyens suffisent toujours aux dépenses, chacun peut calculer à-peu-près sa situation, & nulle combinaison sociale n'est dérangée ; & il prouve que pour égaliser les prix, & prévenir les grandes variations, il n'y a d'autre moyen que la liberté de porter sur-le-champ du grain des lieux où les prix sont le plus bas dans ceux où ils s'élevent ; car alors les prix rehaussent naturellement dans le premier canton, & baissent dans le second, ce qui rétablit le niveau.

Il rappelle un calcul très-judicieux de M. Quesnay, qui observe que le peuple consommant toujours une égale quantité de grains, tantôt chers & tantôt à bon marché; & les Propriétaires n'en ayant que peu à vendre dans les années cheres, & beaucoup dans celles où la surabondance avilit la denrée, il en résulte que le prix moyen auquel les bleds sont vendus à la premiere main, n'est jamais le même que celui auquel ils sont achetés par les Consommateurs, & qu'il lui demeure toujours inférieur, avec une différence d'autant plus grande, qu'il y a plus de variations dans les prix; d'où suit que les variations considérables qui résultent de l'inégalité naturelle des récoltes & des années, quand on ne la compense pas par les magasins, par le transport, par la liberté du Commerce, causent une perte énorme aux Propriétaires, sans aucun profit pour les Consommateurs.

Aucune des objections contre la liberté du commerce des grains, n'est restée sans réponse dans les lettres de M. Turgot; aucune des faces sous lesquelles on peut considérer ce commerce, n'a été négligée. M. l'Abbé Terray lut ces lettres, les admira, loua les lumieres, le talent & le courage de l'Auteur avec vivacité, &

à toutes les perſonnes auxquelles il eut occaſion d'en parler, & détruiſit la liberté du commerce des grains.

M. Turgot en fut affligé ; & pour s'en conſoler, il continua de faire du bien dans ſa Province.

Les Boulangers de Limoges, pendant la cherté, voulurent augmenter le prix du pain au-deſſus de la proportion qu'indiquait le prix du bled. M. Turgot ſuſpendit leur privilege excluſif, en permettant à tout le monde d'apporter & de vendre du pain dans cette Ville. Il en arriva de toutes parts. On en fit pour Limoges juſqu'à Saint-Junien, qui en eſt éloigné de cinq grandes lieues ; & la proportion du prix fut rétablie à l'inſtant. L'expérience conſtatait ainſi la bonté de ſes principes.

Il étendit celui qui l'avait conduit à l'abolition des corvées des chemins, à une autre corvée très-fâcheuſe qu'il fit auſſi diſparaître. C'était celle des voitures pour le paſſage des Troupes. Les mouvements de Troupes arrivent ſouvent dans les moments où il importe le plus de ne pas déranger les Cultivateurs de leurs travaux. Les Cultivateurs en Limouſin n'emploient que des bœufs qui vont très-doucement, & qui ne menent que de petits charriots qu'on ne peut charger beaucoup. Il fallait en rassembler de fort loin un nombre considérable, qui souffraient un grand préjudice pour faire mal & lentement le service exigé. M. Turgot fit un marché avec un entrepreneur, qui, pour une somme annuelle assez modique, & réguliérement payée, se chargea de fournir toutes les voitures nécessaires au passage des Troupes. Cet homme emploie des chevaux & des mulets, les occupe ordinairement à porter ou traîner des marchandises pour le commerce, & au premier avis d'une marche de Troupes, il quitte tout pour les servir. Ses animaux & ses voitures valant beaucoup mieux que les bœufs & les petits charriots de Paysan, le service est beaucoup mieux fait; il ne coûte pas le quart de la perte qu'occasionnait l'ancien; il porte d'une maniere insensible sur toute la Province; l'ancien écrasait les Paroisses voisines des chemins; & le Peuple, débarrassé d'une servitude onéreuse, vaque en paix à ses travaux. Plusieurs Intendants ont imité dans leurs Généralités cet exemple salutaire, &, depuis, M. Turgot a eu le bonheur d'étendre à tout le Royaume cet arrangement si avantageux & si sage; il subsiste; c'est un des biens durables & presque ignorés dont les Paysans, les Propriétaires, l'Agriculture, les Troupes & l'Etat lui ont obligation.

Pour épargner encore au Peuple la charge du logement des gens de guerre, les dépenses & les inconvénients de toute espece qui en sont inséparables, & qui sont toujours aussi nuisibles à la discipline, que funestes pour les mœurs, & qu'onéreux aux Paysans & aux Bourgeois, M. Turgot loua différentes maisons pour former des casernes dans les principaux lieux d'étapes; & avait pris toutes les mesures nécessaires, & amassé les matériaux pour en bâtir à Limoges. La discipline, au moyen de ces casernes, est beaucoup mieux tenue; & la dépense du logement des Troupes moins grande en elle-même, se trouvant répartie sur tous les contribuables de la Province, devient peu sensible, au lieu qu'elle était fort à charge aux particuliers sur lesquels elle tombait avant cet établissement.

Tandis que M. Turgot soulageait ainsi le Peuple de sa Généralité des corvées usitées jusqu'alors, on tenta d'y en introduire une nouvelle. Des gens qui s'étaient rendus adjudicataires de quelques fournitures de bois pour la Marine, crurent en cette qualité pouvoir exiger des corvées pour faire *hâler* leurs bateaux fur la Charente par les Paroiffes voifines de cette riviere, & ils poufferent l'abus jufqu'à faire conduire ainfi des bateaux de bois pour le chauffage de Rochefort, qui n'avaient aucun rapport avec les fournitures de la Marine. M. Turgot s'oppofa fortement à cette vexation. Sur les lettres qu'il écrivit aux différents Miniftres, il fut conftaté que dans fon marché le Miniftre de la Marine n'ayant point ftipulé que ces bois feroient *hâlés* par corvées, les adjudicataires n'avaient aucun titre pour en exiger ; & il fut décidé qu'on ne fe permettrait jamais une telle ftipulation, attendu que le dommage qu'elle cauferait aux Provinces, ferait beaucoup au-deffus de la dépenfe qu'elle paraîtrait épargner à l'Etat.

Les recherches de M. Turgot fur la fituation de la Généralité de Limoges, & le travail de fes Commiffaires des Tailles, le mirent à portée de prouver au Gouvernement que cette Province, proportionnellement à fes revenus, était beaucoup plus chargée que les Provinces voisines. En conséquence il obtint annuellement des diminutions considérables sur les impositions. Il avait reconnu & se faisait un devoir de démontrer que dans une grande partie de la Province la terre ne donnait de revenu que pour la dixme, l'impôt, & les droits des Seigneurs, & que le Propriétaire roturier ne tirait rien du sol, ni de sa culture, que l'intérêt de ses avances, d'exploitation en bestiaux, instruments, semences & nourriture des colons.

C'est le premier moyen d'augmenter la population, que d'intéresser le Gouvernement à favoriser l'aisance des familles; car on peuple par-tout, tant qu'on a l'espérance & le pouvoir d'élever les enfants. Mais c'est souvent en vain dans les campagnes que l'union conjugale est féconde; l'impéritie des femmes qui se mêlent de prêter leurs secours aux accouchements, sans avoir aucun principe sur l'art important qu'elles exercent, expose une multitude d'enfants à périr au moment même où ils voient le jour, & rend victimes de la plus intéressante opération de la nature un grand nombre de meres précieuses à l'Etat, cheres & néceſſaires à leur famille. Ces accidents trop communs arrachent des larmes à tous les cœurs ſenſibles. M. Turgot fit venir à Limoges Mme. *Ducoudray*, Sage-Femme vraiment inſtruite & expérimentée, lui aſſura un traitement honnête, & lui fournit les *phantômes* néceſſaires pour faire ſucceſſivement pluſieurs cours de l'Art des Accouchements à Limoges, à Tulle & à Angoulême. Il donna des encouragements aux femmes qui ſuivirent ces cours, & favoriſa, en différents endroits de la Province, l'établiſſement de celles qui avaient le mieux réuſſi. Il parvint à former ainſi une pépiniere de Sages-Femmes ſuffiſamment éclairées, & les accidents ſont devenus beaucoup plus rares.

Après la conſervation des hommes, celle des beſtiaux qui les font vivre, & qui fécondent les terres, lui paraiſſait un des objets les plus dignes des ſoins de l'adminiſtration. On a vu que dans les inſtructions qu'il donnait aux Commiſſaires des Tailles, il leur recommandait de s'en occuper. Il envoya pluſieurs éleves à l'Ecole Vétérinaire de Lyon; & pour répandre davantage

davantage les lumieres qu'ils y avaient acquises, & les mettre à la portée des Maréchaux du pays, il établit ensuite une autre Ecole Vétérinaire à Limoges, sous la direction du sieur *Mira*, qui, dans ses cours à Lyon , s'était fort distingué. Il facilitait aux éleves qui avaient suivi avec succès les différents cours relatifs à l'art de guérir les animaux à l'Ecole de Lyon, ou à celle de Limoges, les moyens de s'établir dans la Province.

On n'est pas bien sûr, en écrivant ceci, de ne pas oublier quelques-unes des opérations bienfaisantes de M. Turgot. Il en a fait un si grand nombre, & les faisait avec une modestie si vraie, si profondément ennemie de tout ce qui pouvait sentir l'appareil ou l'éclat, que ses meilleurs amis, pour peu qu'ils aient été obligés de vivre quelque temps loin de lui, doivent avoir perdu le fil de plusieurs d'entre elles. Nous rapportons celles dont nous avons eu connaissance, à mesure qu'elles se présentent à notre Mémoire.

Lorsqu'il arriva dans sa Province, il y trouva la guerre établie relativement au tirage des milices. La moitié des garçons se sauvait dans les bois. L'autre moitié, pour ramener les fuyards, & les faire déclarer Miliciens, les poursuivait à main armée. On combattait à coups de fusils & de haches. Tous les travaux étaient interrompus, & le sang coulait tous les jours. M. Turgot commença par défendre aux Paysans de poursuivre les fuyards, en donnant les ordres les plus séveres pour faire arrêter ceux-ci par la Maréchaussée. Avant le tirage suivant, il écrivit aux Curés de bien avertir leurs Paroissiens que les fuyards ne pourraient échapper, parce qu'on en ferait la recherche dans tous les Villages & dans toutes les Villes de la Province le même jour, & qu'ils seraient désignés & pareillement poursuivis dans toutes les Provinces voisines; qu'ainsi, pour ceux qui craignaient d'être Miliciens, le plus grand danger était de fuir; mais que si les garçons se présentaient d'eux-mêmes & de bonne grace, il se prêterait à tous les moyens de leur adoucir l'obligation de fournir des Soldats provinciaux. En conséquence, il prit sur lui de déroger à l'Ordonnance, qui défend à ceux qui doivent tirer, de former entr'eux une bourse pour celui qui tombera au sort. Il toléra cette contribution volontaire de la part des concurrents, & l'attrait de l'argent diminua beaucoup la crainte qu'inspirait le billet noir. Il arriva même assez souvent qu'un ou plusieurs garçons se proposerent pour servir volontairement, & recevoir la bourse. M. Turgot toléra encore cette nouvelle dérogation à l'Ordonnance. Quand deux garçons se présentaient, on choisissait celui qui annonçait les meilleures dispositions, ou l'on tirait entr'eux. La paix fut rétablie, & les bataillons provinciaux formés des meilleurs sujets, sans trouble & sans querelle. L'indulgence de M. Turgot pour une convention licite en elle-même, sa douceur, & la liberté, ramenerent ainsi les esprits, au point de faire rechercher cette qualité de Milicien, qui avait d'abord inspiré tant d'effroi.

Il considéra combien la collecte de la taille était onéreuse pour ceux qui en étaient chargés. Rien n'est plus triste que l'état d'un Collecteur; obligé de sacrifier son temps, toujours si précieux à la pauvreté; exposé à être mis en prison par la faute ou l'impuissance d'autrui; certain de perdre au moins l'intérêt de son argent, s'il l'avance, & regardé de mauvais œil par ses Concitoyens, comme l'homme qui vient toujours demander, & se voit quelquefois forcé de poursuivre. Cet emploi cause le désespoir & la ruine de ceux qui ne peuvent éviter d'en être chargés. Et la plupart d'entr'eux ne sachant ni lire, ni écrire, ne peuvent tenir aucun calcul en regle, ni marquer d'une maniere certaine sur leur rôle les *à-comptes* qu'ils reçoivent; de sorte que les contribuables risquent de payer deux fois. M. Turgot imagina un moyen de soulager encore le Peuple de ce fardeau qui ruine successivement presque toutes les familles d'un Village. Il trouva qu'avec les taxations ordinaires accordées aux Collecteurs pour leur remise, on pouvait, en réunissant dans le même arrondissement six ou huit Paroisses, former un salaire suffisant pour un homme cautionné, sachant lire, écrire & compter; & qu'en obligeant cet homme d'avoir un registre, & de donner aux contribuables des quittances qu'on lui fournirait imprimées, ceux-ci ne craindraient plus de payer au-delà de ce qu'ils doivent, & la comptabilité deviendrait beaucoup plus claire. Il a donc établi des Préposés au recouvrement des impositions, qui s'occupent sans cesse à ce tra vail, & qui comptent du produit aux Receveurs des tailles tous les quinze jours, ou par ſoumiſſion. On a l'avantage de pouvoir toujours contrôler la ſituation de ces prépoſés, en vérifiant les quittances qu'ils ont délivrées. Cette partie de la perception a donc été perfectionnée, & le Peuple de la Généralité de Limoges a encore eu la collecte de moins à redouter.

Auſſi ce Peuple, quoique défiant & ſauvage, en eſt-il venu à regarder M. Turgot comme un Pere; & là du moins la reconnaiſſance publique a payé ſes travaux & ſes bienfaits.

Les uns & les autres l'avaient attaché lui-même à cette Province. Il a refuſé ſucceſſivement l'Intendance de Rouen, celle de Lyon, & celle de Bordeaux, toutes trois d'un ſéjour plus agréable, & d'un beaucoup plus grand revenu que celle de Limoges, plutôt que d'abandonner le travail qu'il avait commencé pour le bien de celle-ci.

Il avait cru cependant pouvoir mettre une condition au ſacrifice que lui preſcrivait ſon zele; c'était qu'on lui fournît les moyens de parfaire la grande opération qu'il avait entamée pour réformer l'aſſiette de l'impoſition ; & qu'on deſtinât pendant trois ans vingt mille écus par an, pris ſur les fonds de la capitation, à finir l'arpentage de la Province, & à vérifier, dans la partie qui avait été arpentée, les cantons qui l'avaient été négligemment, & par rapport auxquels il s'était élevé des réclamations.

C'était à la fin de 1763 que M. Turgot, après avoir déjà refuſé l'Intendance de Rouen, refuſa celle de Lyon à cette condition. Il a depuis renouvellé la même demande, en refuſant encore l'Intendance de Bordeaux. On applaudit toutes les trois fois à ſon déſintéreſſement & à ſon zele; on le laiſſa en Limouſin, comme il l'avait deſiré; les fonds qu'il avait demandés lui furent promis avec éloge. Mais il ne les avait point encore obtenus, lorſqu'il fut appellé au Miniſtere.

Que font le Citoyen & le Sage en pareil cas ? Ils ne ſe repentent point d'avoir pris une réſolution honnête ; ils ne ſe dépitent point ; ils ne ſe découragent point ; ils travaillent & s'occupent du bien qui demeure encore en leur puiſſance. Il n'eſt point d'homme privé, & à plus forte raiſon point de Magiſtrat & d'Adminiſtrateur qui, dans la poſition la moins favorable, ne ſoit encore entouré d'une multitude d'occaſions de faire des choſes utiles, qu'il n'a qu'à vouloir avec quelque énergie, & dont le nombre & l'importance peuvent occuper dignement, avec fruit, avec gloire, tous les efforts de la plus grande activité. Auſſi peut-on dire que le dégoût produit par la contradiction, par l'impuiſſance de faire tout ce qu'on aurait conçu & deſiré, par les malheurs de toute eſpece, n'eſt pas ſeulement la faibleſſe des lâches, mais encore le crime des mauvais cœurs & la folie des orgueilleux à qui le bien que Dieu laiſſe poſſible ne ſuffit pas, & qui voudraient un Univers à leur guiſe.

M. Turgot était bien au-deſſus de cette vaine puſillanimité ; il avait toujours des conſolations prêtes dans la bienfaiſance, & dans le plaiſir d'étendre ſes lumieres & celles des autres.

Il eſt d'uſage, lorſqu'on ſollicite auprès du Miniſtere l'agrément de quelque entrepriſe qui doit être exécutée dans une Province, ou la déciſion de quelque affaire qui intéreſſe cette Province, que le Miniſtre ne ſe détermine qu'après avoir pris l'avis de l'Intendant. Ceux que donnait M. Turgot étaient des traités complets qui discutaient à fonds la matiere sur laquelle on le consultait. Il ne se bornait pas à dire son opinion ; il en exposait tous les motifs, & développait en détail au Ministre tous les principes & tous les faits qui pouvaient mettre à portée d'en juger le poids.

Quelques-uns de ces Mémoires communiqués, ou par les Ministres qui les avoient reçus, ou par des amis à qui l'Auteur avait bien voulu les confier, ont été rendus publics.

Un des plus importants, qui faisait partie de l'avis de M. Turgot sur la demande présentée au Conseil pour la concession de la mine de Glanges, contient les vrais principes qui doivent diriger l'administration relativement aux mines & aux carrieres. Il y établit que, conformément au Droit naturel, « chacun est le
» Maître d'ouvrir la terre dans son champ;
» que personne n'a droit de l'ouvrir dans le
» champ d'autrui, sans son consentement;
» qu'il est libre à toute personne de pous-
» ser des galeries sous le terrein d'autrui,
» pourvu qu'elle prenne toutes les pré-
» cautions nécessaires pour garantir le

» Propriétaire de tout dommage ; & que » celui qui, usant de cette liberté, a creusé » sous son terrein, ou sous celui d'un autre, » est devenu, à titre de premier occupant, » Propriétaire des ouvrages qu'il a faits » sous terre, & des matieres qu'il en a » extraites, mais qu'il n'a rien acquis de » plus, & n'a aucun droit d'empêcher » un autre de tenter une entreprise sem- » blable dans le même canton & sur les » mêmes sillons, s'il peut les rencontrer » en s'ouvrant un nouveau chemin ».

Il montre ensuite que l'intérêt de l'Etat n'est pas de s'écarter de ces principes de droit naturel ; que la Jurisprudence qui lui donne la propriété des mines, ne lui donne rien, puisque c'est un droit dont il ne peut faire usage qu'en le concédant ; que les concessions à terme sont contraires à leur objet, qui est d'encourager l'exploitation ; que celle de toutes les mines d'un canton est injuste comme tout autre privilege exclusif, & qu'on n'allegue en sa faveur que les mêmes sophismes qu'on emploie pour faire excuser tout monopole ; que le droit accordé aux concessionnaires de faire ouvrir sur le terrein d'autrui, en indemnisant à dire d'experts, eſt pareillement injuſte & inutile ; que le droit du dixieme du produit conſervé pour l'Etat, eſt un impôt onéreux, ſur une entrepriſe dont le ſuccès eſt toujours incertain, & que l'intérêt de l'Etat eſt au contraire de favoriſer l'exploitation des mines par une entiere immunité (6).

Il a donné depuis, relativement aux forges & à l'impôt de la marque des fers, un autre avis très-détaillé, qui peut être regardé comme une ſuite de celui ſur l'adminiſtration des mines & des carrieres, & où il rappelle les mêmes principes.

Un procès ſurvenu à Angoulême pour de l'argent prêté à terme, à intérêt, & à différents taux d'intérêt, lui a donné occaſion de développer auſſi, dans ſon avis au Conſeil ſur cette affaire, les vrais principes ſur l'intérêt de l'argent. L'erreur la plus commune ſur cette matiere tenant à l'abus de quelques opinions théologiques pouſſées juſqu'à l'exagération, on ne peut la diſſiper chez les eſprits qui s'en ſont

(6) Ce Mémoire ſéparé de l'avis particulier de M. Turgot, a été imprimé dans le ſeptieme volume des *Ephémérides du Citoyen*, de l'année 1767.

laiſſé prévenir, ſi l'on ne poſſede ſoi-même la Théologie ; & dans cette occaſion il ne fut pas inutile à M. Turgot de l'avoir étudiée. Il a prouvé d'abord, en Théologien très-inſtruit, que le prêt à intérêt, ſans aliénation du capital, n'eſt point contraire aux principes de la Religion. Et enſuite, en Philoſophe, en Politique, en Adminiſtrateur, que l'argent eſt une marchandiſe comme toute autre, dont l'uſage peut ſe louer comme celui de toute autre eſpece de bien ; qu'il eſt naturel que le prix de ce loyer ſoit en raiſon des riſques plus ou moins grands ; que le placement le plus sûr étant en acquiſition de terres, ce doit être auſſi celui par lequel les capitaux produiſent le plus faible intérêt ; & que s'il peut être convenable de fixer les intérêts courants de juſtice ſur le pied du produit des terres, il n'en réſulte aucune raiſon de gêner la liberté des conventions pour les intérêts courants dans le Commerce ; que l'uſage des Négociants ne s'eſt jamais aſſujetti ſur ce point aux fixations de la Loi ; qu'on a toléré & dû tolérer cet uſage, qui eſt la compenſation légitime d'un riſque plus grand ; & que le moyen qu'il n'y ait point d'uſure eſt de ne point faire de réglement, de ne point donner de privilege exclusif à cet égard, & de laisser la concurrence des prêteurs & des emprunteurs en âge de contracter, établir le taux de l'intérêt de l'argent. Le Conseil adopta l'avis de M. Turgot dans l'affaire dont il s'agissait ; & un Curé respectable, qui vient de publier un très-bon livre sur l'intérêt de l'argent, paraît avoir eu connaissance de ce Mémoire, dont les principes ont été la base de son Ouvrage.

Le chaos de l'imposition une fois débrouillé, M. Turgot, supérieur aux devoirs ordinaires de son administration, après les avoir remplis avec exactitude, se trouvait quelque loisir; il le consacrait à voir en détail les diverses parties de sa Généralité, & à combiner les différents biens qu'on y pourrait faire. On a trouvé plusieurs notes de ces projets utiles.

Il s'y est particulierement appliqué avec *M. Desmarets*, de l'Académie des Sciences, alors Inspecteur des Manufactures de sa Province, & depuis de celle de Champagne, à perfectionner les Tanneries & les Papeteries. Il a donné des fonds pour des machines nécessaires, & pour des expériences qu'il encourageait comme Adminiſtrateur, qu'il obſervait, qu'il diſcutait en Savant éclairé ſur les principes des Arts.

Il venait auſſi quelquefois à Paris. Les Adminiſtrateurs des Provinces y ſont ſouvent obligés. Pluſieurs des affaires importantes ſur leſquelles ils doivent influer, demandent la déciſion du Gouvernement, qu'ils attendraient ſix mois, qui exigeraient des lettres ſans nombre, & qu'ils obtiennent dans une heure de conférence avec le Miniſtre dont ils peuvent alors réſoudre ſur-le-champ les objections & les difficultés.

M. Turgot eut le bonheur de ſe trouver dans la Capitale, lorſque MM. les Maîtres des Requêtes jugeant au ſouverain, ſur le vû des pieces & le rapport de M. *de Croſne*, ont rendu juſtice à l'infortuné *Calas*, & réhabilité ſa mémoire. Il fut un des Juges, & parla dans cette occaſion avec une véhémence qui ne lui était pas ordinaire. On ſait que l'Arrêt fut unanimement prononcé.

Quelque temps après il fit connaiſſance, chez *M. d'Alembert*, avec *M.* le *Marquis de Condorcet*, bien jeune encore, mais annonçant déjà tout le mérite & le mérite de tous les genres qu'il a déployé depuis. M. Turgot & lui se lierent d'une amitié tendre qui a toujours été en augmentant, & dont une correspondance bien intéressante a été le fruit. Un grand nombre d'objets de Sciences, de littérature & de morale sont entrés dans cette correspondance. Mais le plus important de ceux qui y ont été traités est la Jurisprudence criminelle. M. le Marquis de Condorcet proposait en modele celle des Anglais; & M. Turgot, en convenant qu'elle est préférable à celle des autres Nations, montrait qu'elle est cependant loin de la perfection à laquelle il serait à desirer qu'on atteignît sur ce point si important à la sûreté & à la liberté des Citoyens. Il donnait le plan d'une Jurisprudence qui lui paraissait de beaucoup préférable à celle des Anglais; & tous ceux qui en ont eu connaissance ont partagé son opinion. Cet ouvrage de M. Turgot sera imprimé.

On pourra faire imprimer aussi un Mémoire très-simple & très-savant sur l'origine *des Monnoies*, qu'il avait destiné au Dictionnaire de Commerce de *M. l'Abbé*

Morellet, avec lequel il était lié dès sa jeunesse, ayant fait en même temps que lui sa Licence en Sorbonne.

Lorsque l'on a renvoyé dans leur patrie *MM. Ko* & *Yang*, deux jeunes Chinois de beaucoup d'esprit, qui avaient été amenés en France & élevés par les Jésuites, & qu'on a fait repasser à Canton, chargés de bienfaits, & soutenus par une pension du Roi, pour entretenir une correspondance suivie, qui pût faire bien connaître la littérature & les Sciences Chinoises (7), M. Turgot leur donna des Livres & des instruments précieux. Il y joignit un grand nombre de questions parfaitement bien conçues sur toutes les parties du Gouvernement & des Arts de la Chine. Il fit plus; pour leur instruction, & afin de les mettre à portée de bien répondre aux questions qui regardaient la culture, ses moyens, ses avances, ses produits, la population qui se les partage, & les différents travaux qui en sont la suite, il composa l'excellent ou-

(7) M. *Yang* est mort. M. *Ko* vit encore & continue cette correspondance.

vrage, intitulé : *Réflexions sur la formation & la distribution des richesses* (8). C'est un de ceux où l'on peut prendre une plus juste idée du caractere étonnant qui distinguait l'esprit de M. Turgot, de cette union si rare de l'analyse scrupuleuse & sévere de la raison à la perspicacité créatrice du génie, de l'étendue & de la profondeur que personne n'a peut-être portées ensemble au même degré que lui. On pourrait dire qu'*il a inventé les choses qu'il a cependant apprises*, parce qu'il s'est toujours reporté au point d'où était parti l'inventeur ; & qu'*il s'est instruit de celles qu'il a découvertes ;* parce qu'il ne s'est jamais livré au premier apperçu de son génie, sans s'être démontré par l'examen de toutes les conséquences, par leurs rapports entr'elles, par leur conformité avec les faits reconnus, que la vue principale qui l'avait frappé était celle de la vérité même. Ses Traités Philosophiques semblent chargés de détails ; mais comme ils

(8) Elles ont été imprimées dans les *Ephémérides du Citoyen*, tomes onzieme & douzieme de l'année 1769 & premier de l'année 1770, & il en a été réimprimé séparément un fort petit nombre d'exemplaires.

ne renferment que ceux qui sont nécessaires, & les présentent dans l'ordre naturel & véritable de la génération des idées, il n'en est aucun qui ne soit d'une briéveté surprenante. Celui dont nous parlons forme un très-petit volume *in-douze* qui n'a pas cent quatre-vingt pages; il est pourtant singulierement clair; tout ce qu'il y a de vrai dans l'ouvrage estimable, mais pénible à lire, que M. Smith a publié depuis sur le même sujet en deux gros volumes *in-quarto*, s'y trouve; & tout ce que M. Smith y a ajouté manque d'exactitude & même de fondement.

La plupart des écrits qui sont sortis de la plume de M. Turgot, depuis qu'il a occupé des places de l'Administration ont été, comme ses *Réflexions sur les richesses*, déterminés par des circonstances particulieres. Il n'a pu y consacrer que très-peu de temps; mais à voir combien le sujet y est complettement traité, à la sagesse profonde des idées principales, à la justesse de l'expression, à l'extrême clarté des développements, on croirait qu'ils sont le fruit du travail assidu d'un homme qui, dans la plus grande liberté d'une existence privée, aurait passé toute sa vie à les méditer & à les écrire.

Quelques Auteurs économiques s'étaient engagés dans des querelles sur la grande & la petite culture, où trop occupés des détails de l'une & de l'autre, & des animaux qu'on leur voit employer dans leurs labours, ils s'éloignaient insensiblement du point réel de la question, & de la véritable distinction qui existe entre ces deux cultures. M. Turgot les y ramena, par une dissertation aussi simple que décisive (9), dans laquelle il montre que ce qui caractérise la grande culture est d'être conduite & dirigée par des Fermiers ou des Entrepreneurs riches, qui en font les avances; au lieu que dans les Provinces qu'on appelle de petite culture, il n'y a point de Cultivateurs en état de faire les avances de l'exploitation; & les Propriétaires y sont réduits à les fournir en totalité, quoique eux-mêmes soient souvent dénués de moyens.

Quant au labour des bœufs & des che-

(9) Cette Dissertation sur les *Caracteres de la grande et de la petite Culture*, est imprimée dans le sixieme volume des *Ephémérides du Citoyen*, de l'année 1767.

ux, M. Turgot regardait comme un
and préjugé en faveur de ceux-ci, qu'ils
nt préférés par les Fermiers & les Cul-
vateurs qui ont le plus de lumieres sur
ur art, & qui sont en état d'en faire la
épense; mais il ne croyait pas impossible
pendant de monter une grande culture
ec des bœufs, & même en de cer-
ins cas d'y trouver quelque avantage
cal qui pourrait tenir à la nature du
ys.

Pour éclaircir encore mieux cette quest-
on, il avait fait proposer à la Société
Agriculture de Limoges, dont il était
résident, comme Intendant de la Pro-
nce, un prix *sur les avantages du la-
our des chevaux & de celui des bœufs,
sur les raisons qui peuvent faire préférer
un à l'autre.* Il avait rédigé le programme
ui est très-instructif, & plus instructif
eut-être que le Mémoire même que la
ociété a couronné.

Tant que M. Turgot a présidé la So-
iété d'Agriculture de Limoges, elle a
té célebre par les prix intéressants qu'elle
proposés.

Le plus important qu'elle ait donné
vait pour objet de déterminer *quels sont*

les effets des impôts indirects sur le revenu des Propriétaires des biens-fonds? Le programme, pour éclaircir la question, est lui-même un ouvrage très-lumineux & très-bien fait.

Le Prix a été remporté par *M. de Saint-Peravy*, de la Société d'Agriculture d'Orléans, & disputé avec distinction par *M. Graslin*, Receveur des Fermes à Nantes. M. Turgot a fait des remarques détaillées sur les ouvrages de ces deux concurrents. Elles furent destinées à éclairer le jugement de la Société, & eussent pu fixer celui du public. Mais M. Turgot qui ne voulait affliger ni décourager aucun de ceux qui pouvaient prétendre aux couronnes que la Société décernait, aurait craint qu'on ne sût quel févere examen avaient à subir les Mémoires envoyés au concours.

Il avait fait proposer encore un Prix *sur la meilleure maniere d'estimer exactement le revenu des biens-fonds?* Ce Prix n'a point été adjugé, la Société n'ayant pas trouvé que ses vues eussent été remplies par les Ecrivains estimables qui se le disputerent.

Il en a donné un autre *sur la fabri-*

cation des eaux-de-vie, qui a été mérité par M. l'*Abbé Rosier*, Physicien célebre;

Et un autre *sur l'histoire du Charanson, & les meilleurs moyens de détruire cet insecte*, qui a été remporté par M. *de Joyeuse*.

M. Turgot avait déjà eu, dans l'Angoumois, à s'opposer aux ravages d'un autre insecte infiniment destructeur. C'est le *Papillon de bled*, qui fait jusqu'à trois générations dans une année, chacune de soixante à quatre-vingt-dix œufs; de sorte que chaque couple de ces papillons en produit par an plus de deux cents, dont chacun dans son état de chenille dévore un grain de bled.

Cet insecte, qui semble avoir été celui qui parut du temps de Charlemagne, & qui fit dire que les démons avaient enlevé la farine de l'intérieur du bled, & ne lui avaient laissé que l'écorce, avait reparu, en 1734, auprès de *Luçon*, où il avait d'abord fait peu de dégât, parce que le climat ou les années ne s'étaient pas trouvés favorables à sa multiplication. Mais se répandant néanmoins de proche en proche, il était devenu le fléau le plus redoutable. Il réduisait presqu'à rien dans l'Angoumois les récoltes qui avaient d'abord paru les plus abondantes. Les Habitants étaient au désespoir ; & cherchant à vendre au loin leurs grains, dès qu'ils étaient recueillis, ils répandaient dans les autres Provinces l'insecte destructeur. La Cour envoya *MM. du Hamel & Tillet*, pour examiner cet insecte, & chercher les moyens d'en préserver les grains, ou d'en détruire la race. Ces Académiciens trouverent que le meilleur moyen était de faire passer les grains au four, après que le pain en était tiré, ou dans des étuves préparées à cet effet. Ils éprouverent qu'à soixante degrés de chaleur l'insecte & ses œufs périssaient. Mais l'expérience était toujours délicate, parce qu'à soixante-dix degrés le bled perd la faculté de germer. De sorte qu'il fallait, ou faire l'expérience avec beaucoup de précision, ou tirer d'ailleurs pour la semence d'autres bleds qui ne fussent pas infectés de papillons, & n'employer que pour faire du pain celui qui avait essuyé le degré de chaleur un peu trop fort.

M. Turgot fit construire des étuves en plusieurs endroits, & écrivit à plusieurs reprises aux Curés pour qu'ils engageasſent les Payſans à y porter leurs grains, ou du moins à les faire paſſer dans leur propre four, après en avoir retiré le pain. Le Peuple était découragé, & chacun diſait : *à quoi bon tuer les papillons de mon bled ? il ſera dévoré l'année prochaine par ceux que produiront les œufs des papillons de mes voiſins.* M. Turgot répondait : « Il y aura d'abord de moins vos papillons qui ne feront plus d'œufs ; l'année prochaine vous détruirez les œufs des papillons de vos voiſins, vos voiſins vous imiteront, & vous parviendrez à détruire la race ». En effet, à force d'exhortations, de ſoins, de diſcours, de lettres, de petites gratifications, & en combinant ces meſures avec *M. de Bloſſac*, Intendant de Poitiers, dont la Généralité était affligée du même fléau, on eſt parvenu à l'éteindre, ou à le calmer, au point qu'il ne fait plus de ravages ſenſibles.

Le principal produit du Limouſin eſt le *nourriſſage* des beſtiaux que l'on engraiſſe pour la boucherie ; mais on n'y employait que les groſſes raves, connues des Anglais, ſous le nom de *Turneps*, & les prairies naturelles. Il eſt vrai que la nature des montagnes du Limouſin, qui donnent de l'eau preſque à toutes les hauteurs, & l'induſtrie du payſan à dériver, ménager & conduire ces eaux, y rendent les prairies nombreuſes, excellentes & d'un très-bon rapport. Quant à la plaine, elle ne pouvait participer au profit du *nourriſſage* des beſtiaux, autrement que par la culture des raves, qu'il faut renouveller d'année en année, & qui donnent une récolte peu abondante, relativement à l'étendue du terrein qu'elle emploie; M. Turgot y a introduit les prairies artificielles, en treffles, luzernes & ſain-foin. Il a fait venir des quantités conſidérables de graines de ces plantes, & les a fait diſtribuer aux divers membres des trois Bureaux d'agriculture, & par eux aux Cultivateurs les plus intelligents: de ſorte que les beſtiaux ne peuvent que ſe multiplier de jour en jour, & l'aiſance de la Province s'en accroître.

C'eſt encore par les ſoins de M. Turgot que les pommes de terre y ont été connues, & que leur culture a été encouragée. Avant lui le Payſan n'avait pour ſubſiſtance qu'un peu de ſeigle, les châtaignes & le ſarraſin. La récolte de ces deux dernieres productions est toujours très-incertaine ; le sarrasin ne mûrissant que tard, est sujet à être gâté par les pluies d'automne ou par les gelées ; les châtaignes n'ont guere qu'une année abondante sur six. Aussi les disettes étaient-elles extrêmement fréquentes dans cette Province, & d'autant plus fâcheuses, que le Paysan Limousin, très-attaché à ses usages, ne peut se déterminer qu'avec la plus grande répugnance à changer ses aliments ordinaires. On a vu à Tulle une sédition, parce qu'il ne se trouvait point de seigle au marché, quoiqu'il fût abondamment couvert de froment arrivé du dehors, & qui n'était pas plus cher que le seigle n'aurait pu l'être. Il faut à ce Peuple une production née sous ses yeux, à laquelle il soit accoutumé ; & la pomme de terre qui rapporte beaucoup, & dont la récolte n'est sujette qu'à peu de variations, lui convient parfaitement. Cependant M. Turgot n'a pu l'introduire qu'avec peine. Il en faisait servir tous le jours sur sa table. Il en distribuait aux membres de la Société d'Agriculture & aux Curés, pour en manger & pour en cultiver. Insensiblement le Peuple s'y est fait. Il en a d'abord été plus touché, comme d'un ſupplément aux raves pour ſes beſtiaux, que comme d'un aliment pour lui-même. Mais les enfants ont bientôt prêché à merveille que les pommes de terre étaient fort bonnes à manger, & que par la pâte & le goût elles ne différaient pas beaucoup des châtaignes. Elles commencent à être aſſez communes & très-eſtimées dans la Province.

C'eſt un des plus grands biens qu'on puiſſe faire devant Dieu, & des plus ſatisfaiſants pour la conſcience, que d'introduire & de multiplier ainſi dans un pays des productions & des cultures nouvelles. La plupart de ceux qui en jouiſſent, ignorent le bienfaicteur auquel ils les doivent. On ne peut s'occuper de leur reconnaiſſance. C'eſt une eſpece de ſervice rendu à l'humanité, dont l'amour de la gloire ne tache point les motifs. Tout y eſt pur. Tout y eſt pour l'utilité réelle; & c'eſt peut-être pour quoi les anciens Mages en avaient fait un point de leur Religion. Il eſt ſi doux de ſonger que dans pluſieurs ſiecles, des gens qui n'auront jamais de nous aucune idée, ſouperont d'un bon appétit, dormiront d'un bon ſomme, jouiront, aimeront, peupleront dans l'aiſance, parce que nous n'aurons pas négligé un travail, inconnu comme nous, qui ſe trouvait à notre portée ; & l'ame eſt ſi heureuſe, en s'aſſociant, pour ainſi dire, à la générosité paternelle du Créateur, qui répand les biens, & qui ſe cache !

M. Turgot a goûté ce plaiſir ſous toutes ſes formes. Ceux qui ont vécu dans ſon intimité, ſavent qu'ils ignorent peut-être les trois quarts du bien qu'il a fait. Tout ce qu'il a pu taire n'a jamais été connu. Et quand ſes infirmités l'ont obligé de recourir à d'autres pour adminiſtrer les ſecours, les conſeils, les ſervices de toute eſpece qu'il verſait ſur une foule de gens, quand ſes amis ſont devenus ſes mains, jamais perſonne n'a mieux rempli le précepte de l'Evangile, qui veut *que la main droite n'ait pas connaiſſance de ce que fait la gauche.* Chacun d'eux avait ſon ſecret relatif à ſon caractere, à ſes lumieres, à ſes mœurs ; & chacun de ces ſecrets était un tréſor de bonté & de ſageſſe.

Nous touchons à l'époque où M. Turgot a été le plus grand, & le moins heureux. Que ceux qui ſeraient tentés de le plaindre, ne s'imaginent pas cependant que l'homme de bien puisse manquer de consolations & de plaisirs. Au milieu des fatigues, des contradictions & des revers, il a ses intentions, ses œuvres, Dieu, sa conscience & son cœur.

Au commencement d'un nouveau regne, appellé par sa réputation & par le goût du Monarque pour la vertu, M. Turgot fut nommé Secrétaire d'Etat de la Marine, le 20 Juillet 1774.

Il n'a rempli ce Ministere que cinq semaines. Mais dans ce court passage, l'espérance publique put cependant remarquer les lumieres, les grandes vues, les importants projets d'améliorations & de réformes qui étaient le résultat de son esprit juste, de ses profondes recherches sur toutes les branches du gouvernement, de son amour actif pour la Patrie.

Trop modeste pour croire savoir ce qu'il n'avait pas étudié à fonds, il disait qu'il ne savait pas la Marine. Cependant les Marins qui conversaient avec lui s'appercevaient avec surprise qu'il en possédait l'histoire, qu'il connaissait parfaitement le globe, les mers, la théorie de la navigation & de la construction, tous les moyens que donne l'Aſtronomie pour conduire un vaiſſeau, & s'aſſurer de ſa poſition, & qu'il avait même recueilli un nombre prodigieux d'obſervations nautiques.

Il comptait ajouter beaucoup à l'inſtruction de la Marine, & à la connaiſſance encore imparfaite que nous avons de notre terre, en employant ſans ceſſe un certain nombre de bâtiments légers, & tirant peu d'eau, à conduire des Savants dans toutes les parties du monde, & ſur-tout dans les plus ignorées. Sous ſon Miniſtere le célebre *Cook* aurait eu plus d'un émule; & il aurait réaliſé le projet d'une Académie ambulante, formée de ſavants Voyageurs; Académie non moins utile ſans doute que celles qui ſont ſédentaires, & qui eût infiniment éclairé celles-ci.

L'Art de la conſtruction eſt encore bien loin d'être une ſcience : il ſe propoſait d'employer les Savants les plus diſtingués à le perfectionner.

Il était inſtruit de la multitude d'abus qui s'étaient gliſſés dans le département de la Marine, & aurait porté dans leur réforme toute la fermeté de ſa probité ſévere.

Il ſavait de combien nos conſtructions ſont plus cheres que celles du Roi d'Angleterre ; & de combien celles du Roi d'Angleterre le ſont plus, que ne le ſeraient les mêmes conſtructions faites par des Négociants qui armeraient pour leur compte des vaiſſeaux de même force, avec l'activité & les ſoins de l'intérêt particulier.

Il connaiſſait le danger d'abandonner trop légerement les bois, uſés ou préſentés comme tels, & n'ignorait pas combien l'intérêt de multiplier les copeaux fait perdre de journées à hacher des bois précieux.

Il ſavait que l'adminiſtration des Officiers de plume pouvait & devait avoir donné lieu à de grands abus, ſur-tout dans un temps où tout était abus, & où le relâchement des mœurs avait été tel qu'aucune fourniture, & peut-être aucune inſpection de fournitures, n'en avaient été exemptes. Mais en ſe propoſant de ſurveiller ſéverement ces Officiers, de les ſoumettre eux-mêmes à l'inſpection des Officiers de Guerre, & à une forme d'adminiſtration qui ajoutât beaucoup à la difficulté de tromper le Miniſtre, il ne comptait pas les réformer. Il ſentait combien il ſerait plus triſte encore d'expoſer la valeur aux tentations de la cupidité, & de donner la diſpoſition de l'argent à des mains réſervées pour les exploits guerriers, auxquelles tout autre ſoin que celui de vaincre doit paraître aviliſſant, & dont les déſordres, s'il devenait poſſible qu'ils euſſent lieu, ſeraient bien plus redoutables, parce qu'on n'aurait pas les mêmes moyens de les réprimer. Les Militaires lui paraiſſaient ne devoir être excités à aucune paſſion qu'à celle de l'honneur; & il aurait craint que chez ceux où l'intérêt pourrait s'ouvrir une porte, il n'affaiblît quelquefois le courage.

Tout en ſentant la néceſſité d'avoir des magaſins bien approviſionnés, qui naiſſent à portée de réparer les flottes, & même de multiplier les conſtructions en temps de guerre, & lorſque les dangers de la navigation ne permettraient pas aux matériaux d'arriver, il ſavait l'avantage qu'on pourrait trouver à faire faire les conſtructions habituelles en Suede, d'après les plans & ſous la direction de Conſtructeurs Français; & d'amener les vaiſſeaux tout faits, tout gréés, montés d'une partie de leurs canons, & rapportant eux-mêmes les matériaux nécessaires pour en construire d'autres dans nos arsenaux maritimes. Il avait calculé que l'épargne du fret dispendieux qu'exige toute la partie du bois qu'il faut ensuite réduire en copeaux, celle de la refonte de cuivre pour les pieces de bronze, dans un pays qui le tire de l'étranger, & où le charbon est rare & cher, & enfin la différence du prix des subsistances & de la main-d'œuvre en Suede & en France, pouvaient procurer une économie des deux cinquiemes sur la construction des vaisseaux du Roi. Il ne voulait donc ordonner de constructions dans nos ports, que ce qu'il en faudrait pour en conserver la science & l'habitude, & pour ne jamais manquer d'Ouvriers capables & expérimentés; & il croyait utile de faire les autres sur les chantiers Suédois. Il n'enviait point à une Nation amie & alliée le profit qu'elle pourrait retirer de cette main-d'œuvre, & ne croyait pas qu'il en résultât moins d'emploi pour la population du Royaume. Il savait que nos Constructeurs en Suede boiraient du vin & des eaux-de-vie de France, consommeraient le sucre & le café de nos Colonies, porteraient des draps des ſerges, des étoffes de ſoie, de fabrique françaiſe, en étendraient le goût parmi les Suédois, & leur donneraient les moyens de les payer. Il ſavait qu'une économie des deux cinquiemes ſur environ les deux tiers de nos conſtructions navales, procurerait au Roi, ou les moyens de ſoulager le Peuple qui fait toujours l'uſage le plus profitable à l'Etat des capitaux qu'on lui laiſſe, ou la facilité d'ordonner des travaux publics, des conſtructions de canaux très-favorables à l'emploi de la population actuelle, & plus encore à l'agriculture & au commerce de la population future.

Ses vues ſur la légiſlation & l'adminiſtration des Colonies étaient encore plus profondes. La principale utilité de ces établiſſemens lointains lui paraiſſait être de fournir un aſyle & du travail à l'excès de la population de l'Etat qui les forme, lorſqu'il eſt en effet ſurchargé de ſa population, & un emploi aux capitaux qui n'en pourraient pas trouver un ſuffiſamment profitable dans l'exploitation des terres & le Commerce du pays.

Le ſecond avantage qu'il y enviſageait eſt celui de donner la naiſſance à de nouvelles Sociétés, à des Provinces qui, liées par la reconnaiſſance, par le langage & par les Loix à la même domination, au même Corps Politique que les anciennes Provinces dont l'Etat eſt réellement compoſé, ont avec lui une confédération naturelle beaucoup plus ſolide, & par conſéquent plus utile que celles qui ſont fondées ſur de ſimples Traités entre les Etats ſoumis à des Souverainetés différentes.

Pour que cette confédération puiſſe procurer à l'Etat qui forme des Colonies tous les avantages qu'il en peut eſpérer, il croyait indiſpenſable de faciliter à ces Colonies les moyens d'arriver à la plus grande proſpérité dont elles ſoient ſuſceptibles, & n'ayant avec elles de relation que celle des bienfaits, de ne jamais s'allarmer de leur puiſſance, mais au contraire de faire en ſorte que cette puiſſance ſoit toujours volontairement diſpoſée à augmenter celle de la Mere-Patrie. Des Colonies faibles ne lui paraiſſaient qu'un fardeau pour un Etat, comme de jeunes enfans ne ſont qu'une charge pour une famille. Des Colonies puiſſantes lui paraiſſaient impoſſibles à gouverner avec autorité, de mêmequ'il est impossible que des fils, devenus eux-mêmes chefs de famille, soient assujettis envers le Pere commun à la soumission de tous les instans qu'ils devaient avoir dans leur bas âge. Mais de riches Colonies, formant à leur tour des Etats respectables, lui paraissaient pouvoir être toujours retenues dans une liaison vraiment sociale avec l'Empire dont elles sont émanées, tant qu'il ne voudrait pas abuser de son autorité, comme diverses branches d'une même famille contribuent, par leurs travaux, leurs succès & leur gloire, à la considération, à l'illustration & au crédit de la souche commune.

La politique des Anglais, qui, après avoir formé de puissantes Colonies, se sont crus en droit de les gouverner arbitrairement, lui paraissait également injuste & imprudente.

Celle des autres Nations qui, pour conserver leur autorité sur les leurs, les retiennent dans un état de faiblesse, lui semblait pareille à celle d'un pere qui énerverait par un mauvais régime le tempérament de ses enfans pour les maintenir dans sa dépendance, & qui paierait cette combinaiſon dénaturée par l'obligation de les ſoutenir ſans ceſſe à ſes propres frais, par le regret de n'en pouvoir jamais tirer ni ſuffiſante aſſiſtance, ni véritable avantage.

Il ne croyait pas plus juſte, ni plus raiſonnable, de ſoumettre Saint-Domingue & la Martinique aux privileges excluſifs de quelques ports de Guyenne, de Bretagne ou de Normandie, qu'il ne le ſerait de ſoumettre la Bretagne & la Normandie elles-mêmes à un monopole exercé par des Provençaux.

Il penſait que la proſpérité des Colonies exigeait qu'elles jouiſſent de la liberté du Commerce, & qu'on ne leur demandât d'autres impoſitions que celles qui feraient abſolument néceſſaires aux frais de leur propre adminiſtration. Il était convaincu que l'augmentation de culture & de richeſſes qui réſulteraient pour elles d'un tel régime, procurerait plus d'emploi aux capitaux, aux ſervices & à la navigation des Négocians de nos ports pour la part qu'ils prendraient toujours néceſſairement & naturellement au Commerce de nos Colonies, que ne peut leur en donner aujourd'hui le privilége excluſif de ce Commerce, reſtreint par l'état de langueur où ces Colonies ſont maintenues. Il voyait en même temps que la puiſſance de l'Etat & du Roi ſerait notablement augmentée par des Provinces opulentes, ſe ſuffiſant à elles-mêmes, pouvant aſſurer leur propre défenſe, & que perſonne n'aurait intérêt d'attaquer, puiſque leur conquête même n'ajouterait rien au profit du commerce qu'on pourrait faire avec elles.

Occupé de ces grandes vues pour les Propriétaires & les Négocians des Colonies, il n'oubliait pas les droits & les intérêts de l'humanité. Il ne croyait nullement impoſſible, quoi qu'on en puiſſe dire, que la culture fût exercée par des hommes libres, & même en partie par des hommes libres d'Europe, dans des pays où elle n'a commencé que par des Européens flibuſtiers, boucaniers, planteurs, engagés, qui avaient alors à y lutter contre des fatigues bien plus grandes, & contre un climat bien plus mal ſain qu'il ne l'eſt aujourd'hui, que les défrichemens, les deſſéchemens & la diminution des bois & des marais ont beaucoup purifié l'air.

Il ne comptait point cependant, comme on l'a dit, abolir tout-à-coup l'eſclavage des Negres par une Loi. Quoique cette espece de possession d'un homme sur un autre ne soit justiciable ni aux yeux de la raison, ni à ceux de la morale, ni à ceux de l'humanité, ni à ceux d'une religion vraiment fraternelle, ni à ceux d'une saine politique, il ne voulait pas employer le despotisme à l'établissement de la liberté même. Mais il voulait pourvoir avec tous les soins d'une humanité éclairée à la sûreté & aux besoins des Esclaves, prévenir & réprimer les abus d'autorité, favoriser les affranchissemens, & les concessions par les Propriétaires de terreins aux Affranchis à charge de redevances, multiplier celles du Gouvernement aux hommes libres d'Europe qui desireraient quelques petites étendues de terrein pour y cultiver des commestibles, à la condition, pour ceux à qui l'on ferait les concessions nouvelles, de n'y point employer d'Esclaves. Se proposant d'ailleurs d'augmenter beaucoup toutes les relations de Commerce & la culture des Colonies, dans le temps même où l'affreux trafic des Esclaves devient de jour en jour plus pénible & plus coûteux à la côte d'Afrique, il entrevoyait le terme où le beſoin ſerait faire aux Propriétaires des conventions de culture avec des hommes libres, & où la ſupériorité du travail & de l'intelligence de ceux-ci rendant la culture par les Eſclaves plus coûteuſe que celle exercée librement, détruirait ainſi l'eſclavage pour jamais & ſans retour.

Sa politique élevée & bienfaiſante embraſſait l'Univers ; elle n'avait pas une ſeule vue qui fût iſolée, & chaque opération particuliere qu'il ſe propoſait pour le bien de ſon pays n'était qu'une portion d'un grand plan dont l'objet était le bonheur du monde. On peut croire que ſon génie, qui avait prédit trente ans d'avance la révolution de l'Amérique Angiaiſe, la prévoyait bien mieux encore, lorſqu'elle était ſi prochaine ; & quoiqu'il eût ſongé à tous les moyens poſſibles pour éviter la guerre lors de cette grande & néceſſaire exploſion, il craignait avec raiſon que le cours des événemens ne forçât notre Nation d'y prendre part. Il croyait que, dans cette hypotheſe malheureuſe, ce ſerait principalement aux grandes Indes qu'il faudrait cimenter la liberté de l'Amérique. Il croyait utile au genre humain, & facile en ſoi, de briser ce colosse de fer & d'or aux pieds d'argile, qui fait gémir les plus belles contrées de l'Orient sous le poids odieux de la plus avide tyrannie. Mais il ne pensait point qu'il fallût détruire la Puissance Anglaise aux Indes pour s'en emparer. Cette Puissance lointaine, & nécessairement passagere, lui paraissait trop opposée à la nature d'un bonne constitution sociale, trop corruptrice, trop nuisible au fonds à l'empire auquel elle prête un éclat & des moyens éphémeres. Il ne pensait point que l'Europe dût gouverner l'Asie; il desirait au contraire qu'elle se bornât à lui procurer le pouvoir de se gouverner elle-même. Il trouvait digne de la France & de son Roi de protéger la liberté sur toute la surface du globe, & de ne l'opprimer nulle part : & c'est ainsi qu'il voulait assurer à sa Nation, au milieu de toutes les autres, par leur propre consentement, par l'utilité dont le louable usage de sa Puissance leur serait à toutes, le rang que méritent les lumieres, la loyauté & la générosité françaises.

Quoique ses projets n'aient pas été

ſuivis, la plus intéreſſante de ſes vues du moins a été remplie, & le Roi ne s'eſt montré qu'en bienfaicteur de l'humanité, armé pour la liberté du commerce & des mers, pour les droits eſſentiels des hommes réunis en ſociété, pour le maintien du reſpect réciproque que ſe doivent les nations, & que les états belligérants doivent ſur-tout conſerver vis-à-vis de ceux qui reſtent neutres & dévoués à la fonction ſalutaire de verſer de toutes parts, au milieu des hoſtilités, le baume ſecourable du commerce ſur les profondes plaies dont la guerre couvre les malheureux pays qui s'y laiſſent entraîner.

Mais ſoit qu'on pût ou non établir la liberté de l'Inde & réduire les nations européennes par l'exemple & les armes de la nôtre, à n'y poſſéder que des comptoirs, il croyait également indiſpenſable de changer pour nous la forme du commerce que nous exerçons dans ces contrées.

Les dangers, la longueur & les frais d'une navigation faite directement d'Europe en Inde & à la Chine, rendent ce commerce plus deſtructeur & infiniment plus diſpendieux qu'il ne devrait l'être.

Mais ils n'exiſtent que par la jalouſie meſquine, étroite, & il faut oſer le dire, ſtupidement fiſcale des nations européennes, qui craignent de s'aider l'une l'autre, qui s'imaginent perdre les avantages qu'elles procurent, comme ſi tout avantage de commerce n'était pas manifeſtement réciproque, qui héſitent toujours à ſe donner des ports francs, quoiqu'elles ne l'aient jamais fait, même imparfaitement, ſans voir la proſpérité marcher à leur ſuite.

M. Turgot n'aurait pas héſité ; il aurait conſeillé au Roi de faire des Iſles de France & de Bourbon des ports abſolument francs, déchargés de tout Impôt, ouverts à toutes les Nations ; d'y établir à la fois la liberté du commerce & celle des conſciences ; d'y appeller par-là quelques-uns de ces négocians dont les capitaux, les travaux & l'induſtrie enrichiſſent aujourd'hui les pays étrangers, mais qui regrettent encore la patrie que leurs peres ſe virent en gémiſſant forcés d'abandonner ; & d'y former même des Colonies Indiennes & Chinoiſes, en y favoriſant l'établiſſement de quelques commerçants Malabares, de Formôſe & de

Ponthiamas, & celui ſur-tout de cette antique & induſtrieuſe Nation que ſa population ſurcharge, & qui, malgré les préjugés qui s'oppoſent chez elle aux émigrations, commence à jeter des eſſains dans l'Archipel des Indes, forme une ville à Batavia, ſerait en grand nombre aux Philippines ſi on l'y avait ſoufferte, & porte par-tout où elle s'établit, l'activité, l'économie, l'amour du travail, l'intelligence, & ce reſpect des enfants pour les peres, cet eſprit de famille qui eſt la baſe des bonnes mœurs.

L'Iſle de France alors ſerait devenue le centre d'un commerce immenſe, l'entrepôt de tout celui que font en contrebande les Officiers de toutes les Compagnies Européennes, le magaſin général de celui qu'on appelle commerce d'Inde en Inde. Toutes les marchandiſes Indiennes & celles de la Chine y ſeraient venues dans les mouſſons favorables, ſoit ſur des navires conſtruits à l'Européenne, ſoit même ſur les joncs du pays, amenées dans l'un & l'autre cas par ces Matelots Indiens qu'on appelle *Laſcars*, qui ſont les plus économes Navigateurs de l'Univers, & qui s'y feraient chargés en retour des marchandiſes d'Europe qu'ils y auraient trouvées en dépôt.

Les Vaiſſeaux Européens n'auroient plus eu que le voyage de l'Iſle de France à faire ; ils ſeraient revenus dans la même année par une navigation ſans péril. La précieuſe eſpece de nos Matelots eût été conſervée ; les dépenſes du commerce de l'Inde réduites à moitié ; ſes profits augmentés, ainſi que les jouiſſances qu'il procure ; & la principale cauſe des guerres qu'il a occaſionnées juſqu'à ce jour tarie pour jamais. L'Iſle de France aurait été la plus belle Colonie commerçante, & celle de Bourbon qui aurait principalement pourvu à la ſubſiſtance de ce commerce, la plus belle Colonie agricole qui ait jamais exiſté, & dont on puiſſe même concevoir l'idée.

Ces importantes vues de M. Turgot ſur le commerce de l'Inde, ne ſont pas ſeulement un des projets auxquels ſes principes & ſes lumieres le conduiſaient, & qu'il avait enviſagés comme devant être l'objet de ſon miniſtere à la Marine. L'exécution en a été plus prochaine. Le choix de celui qui devait diriger à l'Iſle de France les établiſſements & les inſtitutions que M.

Turgot y croyait néceſſaires était fait. Il avait déjà reçu ſes premieres inſtructions de la main de ce Miniſtre, dans des lettres particulieres qu'il conſerve avec reconnaiſſance, amour & reſpect.

Depuis long-temps les travaux des ouvriers de Breſt n'étaient payés que par des *à-comptes* ſucceſſifs, qui, laiſſant toujours des arrérages conſidérables, invitaient à la déprédation par la difficulté de parvenir à toucher les ſalaires légitimes. M. Turgot leur fit payer dix-huit mois qui leur étaient dûs, & s'aſſura par-là de leur zele, de leur activité, & du droit de veiller ſéverement leur conduite.

Peut-être eût-il été à deſirer que ce Grand-Homme eût été conſervé pour la Patrie dans ce Miniſtere, où il avait déjà fait ce bien, où il projetait d'en faire tant d'autres, & qui moins orageux, moins ſujet que celui des finances aux influences de Paris & de la Cour, n'expoſe pas un Miniſtre aux mêmes revers. Mais il n'y reſta que trente-cinq jours, & devint Contrôleur-Général & Miniſtre d'Etat le 24 Août.

Il ſentait le poids & le danger de cette

nouvelle carriere, il ne s'y dévoua qu'en citoyen qui aurait donné sa vie même à son pays, qui n'osait la refuser aux intentions bienfaisantes de son Roi. La lettre qu'il lui adressa dans cette grande circonstance où il prévoit, où il annonce ce qu'il avait à craindre, les honore tous deux, & mérite à tous égards de passer à la postérité (10).

« SIRE » dit-il dans cette lettre mémorable « en sortant du cabinet de VOTRE » MAJESTÉ, encore plein du trouble où » me jette l'immensité du fardeau qu'ELLE » m'impose, agité par tous les sentiments » qu'excite en moi la bonté touchante » avec laquelle ELLE a daigné me rassurer, je me hâte de mettre à ses pieds » ma respectueuse reconnaissance & le » devouement absolu de ma vie entiere.

» VOTRE MAJESTÉ a bien voulu m'autoriser à remettre sous ses yeux l'engagement qu'Elle a pris avec Elle-» même de me soutenir dans l'exécu-» tion des plans d'économie qui sont en » tout temps & aujourd'hui plus que

(10) Elle est du 24 Août 1774, à Compiegne.

» jamais d'une néceſſité indiſpenſable.
» J'aurais deſiré pouvoir lui développer
» les réflexions que me ſuggere la poſi-
» tion où ſe trouvent les finances; le
» temps ne me le permet pas, & je
» me réſerve de m'expliquer plus au long
» quand j'aurai pu prendre des connaiſ-
» ſances plus exactes. Je me borne en
» ce moment à vous rappeller ces trois
» paroles :

» Point de banqueroute.

» Point d'augmentation d'Impôts.

» Point d'emprunts.

» Point de banqueroute, ni avouée,
» ni maſquée par des réductions forcées.

» Point d'augmentation d'impoſitions :
» la raiſon en eſt dans la ſituation de vos
» Peuples & encore plus dans le cœur
» de VOTRE MAJESTÉ.

» Point d'emprunts; parce que tout
» emprunt diminuant toujours le revenu
» libre, il néceſſite au bout de quelque
» temps ou la banqueroute, ou l'augmen-
» tation d'impoſitions. Il ne faut en temps
» de paix ſe permettre d'emprunts que

» pour liquider les dettes anciennes, ou
» pour rembourſer d'autres emprunts faits
» à un denier plus onéreux.

» Pour remplir ces trois points, il n'y
» a qu'un moyen, c'eſt de réduire la
» dépenſe au deſſous de la recette, &
» aſſez au deſſous pour pouvoir écono-
» miſer chaque année une vingtaine de
» millions, & les employer au rembour-
» ſement des dettes anciennes; ſans cela
» le premier coup de canon forcerait
» l'Etat à la banqueroute.

» On demande ſur quoi retrancher?
» & chaque Ordonnateur dans ſa partie
» ſoutiendra que preſque toutes les dé-
» penſes particulieres ſont indiſpenſables.
» Ils peuvent dire de fort bonnes rai-
» ſons; mais comme il n'y en a point pour
» faire ce qui eſt impoſſible, il faut que
» toutes ces raiſons cedent à la néceſ-
» ſité abſolue de l'économie.

« Il eſt donc de néceſſité abſolue que
» VOTRE MAJESTÉ exige des Ordonna-
» teurs de toutes les parties, qu'ils ſe con-
» certent avec le Miniſtre de la finance. Il
» eſt indiſpenſable qu'il puiſſe diſcuter avec
» eux en préſence de VOTRE MAJESTÉ le
» degré de néceſſité des dépenſes propo-
ſées.

ſées. Il eſt ſur-tout néceſſaire que lorſque vous aurez, SIRE, arrêté l'état des fonds de chaque département, vous défendiez à celui qui en eſt chargé d'ordonner aucune dépenſe nouvelle, ſans avoir auparavant concerté avec la finance les moyens d'y pourvoir. Sans cela chaque département ſe chargeroit de dettes qui ſeroit toujours des dettes de VOTRE MAJESTE, & l'ordonnateur de la finance ne pourroit répondre de la balance entre la dépenſe & la recette.

„ V. M. ſait qu'un des plus grands obſtacles à l'économie eſt la multitude des demandes dont Elle eſt continuellement aſſaillie, & que la trop grande facilité de ſes prédéceſſeurs à les accueillir a malheureuſement autoriſées. Il faut SIRE, vous armer contre votre bonté de votre bonté même, conſidérer d'où vient cet argent que vous pouvez diſtribuer à vos courtiſans, & comparer la miſere de ceux auxquels on eſt quelquefois obligé de l'arracher par les exécutions les plus rigoureuſes, à la ſituation des perſon-

„ nes qui ont le plus de titres pour ob„ tenir vos libéralités.

„ Il y a des graces auxquelles on a „ cru pouvoir ſe prêter plus aiſément, „ parce qu'elles ne portent pas immé„ diatement ſur le Tréſor Royal.

„ De ce genre ſont les intérêts, les „ croupes, les priviléges. Elles ſont de „ toutes les plus dangereuſes & les plus „ abuſives. Tout profit ſur les impoſi„ tions qui n'eſt pas abſolument néceſ„ ſaire pour leur perception, eſt une dette „ conſacrée au ſoulagement des contri„ buables, ou aux beſoins de l'Etat. „ D'ailleurs ces participations aux pro„ fits des traitants ſont une ſource de „ corruption pour la Nobleſſe, & de „ vexations pour le Peuple, en donnant „ à tous les abus des protecteurs puiſ„ ſants & cachés.

„ On peut eſpérer de parvenir, par „ l'amélioration de la culture, par la ſup„ preſſion des abus dans la perception, „ & par une répartition plus équitable „ des impoſitions, à ſoulager ſenſible„ ment les Peuples, ſans diminuer beau„ coup les revenus publics. Mais ſi l'éco„ nomie n'a précédé, aucune réforme

„ n'eſt poſſible ; parce qu'il n'en eſt aucune qui n'entraîne le riſque de quelque interruption dans la marche des recouvrements, & parce qu'on doit s'attendre aux embarras multipliés que feront naître les manœuvres & les cris des hommes de toute eſpece, intéreſſés à ſoutenir les abus; car il n'en eſt point dont quelqu'un ne vive.

„ Tant que la finance ſera continuellement aux expédients pour aſſurer les ſervices, V. M. ſera toujours dans la dépendance des financiers, & ceux-ci étant toujours les maîtres de faire manquer par des manœuvres de place les opérations les plus importantes, il n'y aura aucune amélioration poſſible, ni dans les impoſitions pour ſoulager les Peuples, ni dans les arrangements relatifs au gouvernement intérieur & à la légiſlation. L'autorité ne ſera jamais tranquille, parce qu'elle ne ſera jamais chérie, & que les mécontentements & les inquiétudes des Peuples ſont toujours le moyen dont les mécontents & les mal-intentionnés ſe ſervent pour exciter des troubles. C'eſt

„ donc ſur-tout de l'économie que dépenc
„ la proſpérité de votre renge, le calme
„ dans l'intérieur, la conſidération au de-
„ hors, le bonheur de la Nation & le
„ vôtre.

„ Je dois obſerver à V. M. que j'en-
„ tre en place dans une conjoncture fâ-
„ cheuſe, par les inquiétudes répandues
„ ſur les ſubſiſtances, inquiétudes forti-
„ fiées par la fermentation des eſprits de-
„ puis quelques années, par la variation
„ dans les principes des Adminiſtrateurs,
„ par quelques opérations imprudentes,
„ & ſur-tout par une récolte qui paroît
„ avoir été médiocre. Sur cette matiere,
„ comme ſur beaucoup d'autres, je ne
„ demande point à V. M. d'adopter mes
„ principes ſans les avoir examinés &
„ diſcutés, ſoit par elle-même, ſoit par
„ des perſonnes de confiance en ſa pré-
„ ſence. Mais quand elle en aura reconnu
„ la juſtice & la néceſſité, je la ſupplie
„ d'en maintenir l'exécution avec fermeté,
„ ſans ſe laiſſer effrayer par des clameurs
„ qu'il eſt impoſſible d'éviter en cette
„ matiere, quelque ſyſtême qu'on ſuive,
„ quelque conduite qu'on tienne.

„ Voilà les points que V. M. a bien
„ voulu me permettre de lui rappeller.
„ Elle n'oubliera pas qu'en recevant la
„ place de Contrôleur-Général, j'ai senti
„ tout le prix de la confiance dont Elle
„ m'honore, j'ai senti qu'Elle me char-
„ geoit du bonheur de ses Peuples, &,
„ s'il m'est permis de le dire, du soin
„ de faire aimer sa Personne & son Au-
„ torité; mais en même temps j'ai senti
„ tout le danger auquel je m'exposois;
„ j'ai prévu que je serois seul à combat-
„ tre contre les abus de tout genre,
„ contre les efforts de ceux qui gagnent à
„ ces abus, contre la foule des préjugés qui
„ s'opposent à toute réforme, & qui sont
„ un moyen si puissant dans les mains des
„ gens intéressés à éterniser les désor-
„ dres. J'aurai à lutter contre la bonté
„ naturelle, contre la générosité de V. M.
„ & des personnnes qui lui sont les plus
„ cheres. Je serai craint, haï même de
„ la plus grande partie de la Cour, de
„ tout ce qui sollicite des graces; on
„ m'imputera tous les refus; on me pein-
„ dra comme un homme dur, parce
„ que j'aurai représenté à V. M. qu'Elle
„ ne doit pas enrichir, même, ceux

„ qu'Elle aime, aux dépens de la ſub-
„ ſiſtance de ſon Peuple. Ce Peuple au-
„ quel je me ſerais ſacrifié eſt ſi aiſé à trom-
„ per, que peut-être j'encourrai ſa haine
„ par les meſures que je prendrai pour
„ le défendre contre la vexation. Je ſe-
„ rai calomnié, & peut-être avec aſſez de
„ vraiſemblance pour m'ôter la confiance
„ de V. M. Je ne regretterai point de per-
„ dre une place à laquelle je ne m'étais
„ jamais attendu. Je ſuis prêt à la remet-
„ tre à V. M. dès que je ne pourrai plus
„ eſpérer de lui être utile; mais ſon
„ eſtime, la réputation d'intégrité, la
„ bienveillance publique qui ont déter-
„ miné ſon choix en ma faveur, me
„ ſont plus cheres que la vie, & je cours
„ le riſque de les perdre, même en ne
„ méritant à mes yeux aucun reproche.

„ V. M. ſe ſouviendra que c'eſt ſur
„ la foi de ſes promeſſes que je me
„ charge d'un fardeau, peut-être au-deſſus
„ de mes forces; que c'eſt à Elle per-
„ ſonnellement, à l'homme honnête, à
„ l'homme juſte & bon, plutôt qu'au Roi,
„ que je m'abandonne.

„ J'oſe lui répéter ici ce qu'Elle a bien

„ voulu entendre & approuver. La bonté „ attendrissante avec laquelle Elle a daigné „ presser mes mains dans les siennes, „ comme, pour accepter mon dévouement, „ ne s'effacera jamais de mon „ souvenir, elle soutiendra mon courage, „ elle a pour jamais lié mon bonheur „ personnel avec les intérêts, la „ gloire & le bonheur de V. M. „

Le sentiment profond qui termine cette ettre a toujours été dans le cœur de M. Turgot. Il avait la vanité en horreur; & oin de s'attribuer exclusivement la gloire e tout ce qu'il a fait ou tenté de grand & l'utile, il sentait à quel point l'amour du Roi pour son Peuple & pour la justice, vait facilité son travail. *Il est bien encourageant*, écrivait-il à l'un de ses amis ntimes, *d'avoir à servir un Roi qui est éritablement un homme honnête & voulant le bien.* Et si, depuis, la multitude les clameurs de ceux dont ses grandes ues, son caractere ferme, son amour our la vérité, son intégrité sévere contrariaient les intérêts, lui a enlevé les ontés de son Souverain, la reconnaissance qu'elles lui avaient inspirée n'en a as moins senti combien il leur devait pour ce qu'il avait fait de sage & d'honorable sous leurs auspices, & avec leur aveu.

Ayant pris auprès de lui cette façon de voir, comme la plûpart de celles que nous conserverons autant que l'existence, nous ne craindrons donc point d'exposer en détail ce que nous savons des bienfaits qu'un Monarque vertueux, conseillé par un Ministre habile, a répandus sur la Patrie. Si quelqu'un ôsait s'offenser de ce qu'il nous paraît utile & juste de parler avec éloge des travaux du Roi, & de rendre hommage à celui qui les a secondés pendant un temps, comment ôserait-il le dire?

Le principe fondamental de l'administration de M. Turgot, par lequel il a mérité & justifié la confiance du Prince & celle de la Nation, a toujours été de ne chercher l'amélioration des revenus de l'état, & les moyens de rétablir les finances, que dans l'augmentation de la richesse des Propriétaires, dans l'aisance du Peuple, dans les facilités plus grandes qu'on lui donnerait pour subsister. Il avait la plus haute idée de la sainteté des devoirs du Gouvernement, & le respect le plus religieux pour les droits des Citoyens confiés à la garde de l'autorité qu'ils ont établie, & qu'ils soutiennent. Jamais il n'a donné un conseil au Monarque, avec cette formule : *Cela vous sera utile.* Il lui a toujours dit : *Cela est juste, SIRE, & ce sera un bienfait pour votre Nation.* Son génie élevé savait tout ce que les Rois gâgnent à être bienfaisans & justes. Il savait que c'est ainsi, & que ce n'est qu'ainsi qu'ils peuvent augmenter la puissance de leur état, & assurer leur bonheur personnel, savourer les bénédictions du genre humain, & accroître chaque jour par leur usage même ces grands moyens de mériter de Dieu & des hommes, que la société leur a remis dans les mains, avec la disposition de ses forces.

Econome intrépide des bienfaits de Cour, il a paru prodigue envers le peuple, & des esprits étroits lui ont reproché d'oublier, dans ses vues équitables & généreuses, l'intérêt du Fisc. Il est possible que cette imputation répétée de tous côtés par l'intrigue, soit enfin parvenue à donner quelque inquiétude à la prudence du Roi. Mais la preuve que M. Turgot voyait mieux ce grand intérêt qui lui était ſpécialement confié, que ceux qui ont oſé critiquer la marche & la nature de ſes opérations, eſt dans l'état où ſe trouvaient les finances, lorſqu'on lui en a remis le timon, & dans celui où il les a laiſſées.

Nous rendrons compte de l'un & de l'autre, preuves & pieces en main; nous ne parlerons d'aucun fait qui ne ſe ſoit paſſé ſous nos yeux; nous citerons les loix que M. Turgot a rédigées ou conſeillées, & nous nous abſtiendrons de louer ſon miniſtere: il nous ſuffira de l'avoir peint. Ce qui fut fait pour le ſervice du Roi & de la Patrie, n'a de véritables Juges que le Roi, la Patrie & la Poſtérité.

Lorſque M. Turgot fût chargé de l'adminiſtration des finances, il ne trouva ſur leur ſituation que des renſeignements fort incomplets, qui ne pouvaient donner qu'une idée bien imparfaite des recettes & des dépenſes de l'état, & dont le réſultat était très-affligeant. Il ordonna la rédaction d'un tableau méthodique & circonſtancié, qui contînt les plus grands détails ſur chaque partie de recette & de dépenſe.

Ce travail a été fait, & a servi à établir le calcul des fonds nécessaires à l'année 1775.

Il présentait une somme de dépenses, qui devait surpasser de *vingt-deux millions trois cents sept mille cent vingt-six livres* celle des recettes, tandis que les anticipations étaient déjà portées à *soixante-dix-huit millions deux cents cinquante mille livres*, & qu'il existait de plus dans chaque département une dette exigible arriérée très-considérable.

Tel était le fardeau dont il fallait supporter le poids. Celui qui n'en a pas été effrayé, celui qui dans de telles circonstances a osé conseiller au Roi de diminuer plusieurs impositions, & d'avancer plusieurs paiemens; celui qui, par cette marche, après vingt mois d'administration, qui n'ont semblé consacrés qu'à faciliter les travaux & la subsistance du Peuple, est parvenu à laisser à ses successeurs, les finances au courant, allait sans doute à ce but, avec une intelligence un peu au-dessus des combinaisons communes.

M. Turgot sentit qu'une forte dette exigible arriérée était un mal aussi fâcheux qu'indécent dans tout corps politique, &

nuisible sur-tout au crédit d'une grande monarchie. La nécessité de payer des sommes considérables sur cette dette, tant par équité envers ceux qui attendaient la rentrée de leurs fonds, qu'afin de ranimer la confiance, de relever le crédit national, & de faire baisser l'intérêt de l'argent, lui parut indispensable. Il ne craignit pas d'y consacrer à l'instant *quinze millions*, & de porter par-là au-dessus de *trente-sept millions* le *déficit* auquel il fallait pourvoir dans l'année 1775 ; déficit qui, sans ce paiement extraordinaire, paroissoit déjà de plus de *vingt-deux millions*. L'événement a prouvé que ce premier pas, qui pouvait sembler très-hardi, n'était que sage.

Tous les autres ont eu le même caractere.

Les pensions étaient arriérés de trois à quatre années. On avait imaginé dans d'autres temps de faire un capital de ces pensions arriérées, & d'en payer les inrêts en rentes viageres. Mais un tel arrangement qui laisse les pensionnaires pauvres, écrasés sous le faix des dettes qu'ils ont été forcés de contracter, & qui expose ceux qui les ont secourus à pedrre leurs avances, ne pouvoit convenir ni à l'esprit de justice du Roi, ni à celui de son ministre, ni à leur humanité. Tous deux furent principalement touchés de la situation des pensionnaires les plus réellement respectables, de ceux qui, pour retraite après de longs services, n'ont que de faibles pensions, & qui n'ont nul autre moyen de subsistance. On régla qu'il serait payé deux années à la fois des pensions de quatre cents livres & au-dessous, & M. Turgot les a laissées au courant.

L'Edit de Novembre 1771, & l'Arrêt du Conseil du 22 Décembre suivant, avaient établi les *huit sols pour livre* sur toute espece de droits, excepté seulement ceux dont le principal ne serait que de quinze deniers ou au-dessous. M. Turgot représenta au Roi que le produit de cette imposition n'avoit été calculé dans les régies, & passé en compte dans les parties affermées, que relativement aux droits appartenants à Sa Majesté, ou par Elle engagés, & dont la perception était ou pouvait être connue de l'administration; & qu'en y ajoutant les huit sols pour livre des droits qui se perçoivent au profit des particuliers, on levait sur le peuple une impoſition onéreuſe, très-nuiſible au commerce par ſa nature, & dont le gouvernement ne pouvait avoir aucune connaiſſance poſitive. En conſéquence l'Arrêt du Conſeil du 15 Septembre 1774, affranchit " les droits de péage, „ hallage, paſſage, pontonnage, travers, „ barrage, coutume, étalage, leyde, „ afforage, de poids, aunage, marque, „ chablage, gourmetage & les droits de „ bois appartenants aux Princes du Sang, „ Seigneurs & particuliers qui les poſſe- „ dent à titre patrimonial, ou autre équi- „ valent, de la perception des huit ſols „ pour livre, „ ne laiſſant ſubſiſter cette impoſition que ſur les droits faiſant partie du revenu de l'état, ou donnés en engagement, & pouvant être un jour réunis au domaine public.

La peſanteur de ces droits de huit ſols pour livre, & le dérangement qu'ils apportaient dans le commerce, avaient été déjà reconnus relativement à ceux impoſés ſur la marque des draps & des toiles; & ils avaient été réduits à cet égard, en 1773, à *trois deniers pour livre.* Cette impoſition repréſentative d'une autre que le Roi venait de ſupprimer, ne pouvait pas n'être point abolie ; elle le fut par un nouvel Arrêt du Conseil, du 4 Décembre 1774.

Quelque fâcheux que pût être pour le commerce des étoffes ce surcroît d'imposition, dont les inconvénients avaient frappé, même l'administration ancienne qui avait cru nécessaire de la réduire au vingt-quatrieme, les autres sols pour livre supprimés par le premier Arrêt dont nous venons de parler, & qui portaient sur les droits de hallage, de mesurage & autres du même genre, étaient beaucoup plus redoutables ; parce que ces droits pesent directement sur la subsistance du peuple, & sur le commerce de la premiere & de la plus considérable production du territoire.

Le commerce des subsistances était alors l'objet principal dont une administration prudente & prévoyante devait s'occuper. La récolte de 1774 avait été médiocre. Il était de la plus grande importance, pour prévenir les disettes & pour égaliser les prix, de permettre que les denrées allassent secourir les besoins aussitôt qu'ils pourraient se manifester. Il était en tout temps nécessaire que la culture fût encouragée par l'espoir d'un débit avantageux, & que la proportion des salaires fût équitablement fixée par l'uniformité & le peu de variation dans le prix du principal objet de consommation ; ce qui ne peut jamais s'attendre que de la facilité avec laquelle la surabondance d'un lieu peut fournir à l'approvisionnement d'un autre. Par l'Arrêt du Conseil du 13 Septembre 1774, & par les Lettres-Patentes du 2 Novembre suivant, dont il fut revêtu, le Roi rétablit la liberté du commerce des grains & des farines dans l'intérieur de son Royaume, & de Province en Province. M. Turgot n'ignorait pas que ce bienfait du Monarque contrariait des intérêts particuliers assez puissants, & qui sauraient tirer parti des anciens préjugés pour diminuer autant qu'ils le pourraient aux yeux de la nation le prix d'un des plus grands services qu'il fût possible de lui rendre. Il s'attacha, dans le préambule de la Loi, à en développer tous les motifs.

Une chose assez remarquable dans l'histoire des disputes & des travers de l'esprit humain, & qui montre bien que la plupart des querelles tiennent uniquement à à l'esprit de parti & d'intrigue, est que les dispositions de cet Arrêt du 13 Septembre étaient conformes à l'opinion même des gens qui l'ont combattu avec le plus de chaleur.

M. *l'Abbé Galiani* & les Ecrivains qui ont adopté ses principes, ou renouvellé son systême, n'ont porté leurs déclamations que contre la liberté d'exporter. Et en effet on se serait moqué d'eux s'ils eussent prétendu que les habitants d'une Province du Royaume ne dussent pas être libres de secourir leurs compatriotes d'une autre Province. C'est en parlant de la liberté de l'exportation, qu'ils ont cherché à intimider le Peuple, dont les opinions ne passent que trop souvent dans la bonne compagnie, & en viennent aussi quelquefois. Ce n'est pas que la liberté de l'exportation ne soit elle-même nécessaire pour maintenir un prix moyen & uniforme, pour établir efficacement celle de l'importation, & se procurer aussitôt que le besoin pourrait s'en faire sentir, d'abondants & rapides secours de l'étranger : mais on peut parler avec beaucoup d'éloquence, sans étendre si loin ses observations. Et l'on remue davantage, on est plus à la portée d'un auditoire vulgaire, en joignant l'idée d'exportation à celle de famine. C'eſt donc contre l'exportation que ſe ſont tournés les diſcours & les efforts apparents : & l'on eſt convenu que, quant à la liberté intérieure, elle ne devait point ſouffrir d'atteintes ; que l'exportation ſeulement méritait d'être contenue par des Réglements ſages, & de fixer l'attention du Gouvernement. Or, l'Arrêt du 13 Septembre 1774, & les Lettres-Patentes qui lui ont donné force de Loi, ſe ſont bornés à établir la liberté intérieure. Ils ont laiſſé l'exportation auſſi interdite qu'elle l'avait été par M. l'Abbé Terray. Il ne ſemblerait donc pas qu'on eût dû faire tant de bruit, ni témoigner tant de véhémence contre cette Loi. Mais la logique, qui n'a jamais été une choſe commune, ne l'eſt pas encore devenue, même dans notre ſiecle raiſonneur ; & c'eſt rarement par elle que ſe diſtinguent les écrits qui excitent le plus d'applaudiſſements.

Toutes les branches de productions & de ſubſiſtances, néceſſaires aux beſoins du Peuple, objets de travail & ſources de richeſſes pour la Nation, paraiſſaient à

M. Turgot mériter, après les grains, mais comme eux & dans le même esprit, l'attention bienfaisante du Gouvernement. Il songea à favoriser à la fois le nourrissage & le commerce des bestiaux, & les progrès de la pêche en mer. On révoqua le privilége exclusif de l'Hôtel-Dieu, pour vendre la viande à Paris pendant le carême; & ce privilége très-nuisible à la subsistance des pauvres malades qu'il privait d'avoir la viande dont l'usage importait au rétablissement de leur santé, ou qu'il forçait de la surpayer en prenant au même prix de la viande de rebut dont ils n'avaient que faire, fut remplacé par une indemnité suffisante, également profitable & plus décente pour cet Hôpital (1).

On supprima en même temps les droits qui se percevaient à l'entrée du Royaume sur la morue seche de Pêche Française (2); tous les droits d'entrée & de halle sur le poisson salé à Paris, & la moitié des droits sur la marée fraîche (3). Cette opération

(1) Déclaration du 25 Décembre 1774.

(2) Arrêt du Conseil du 30 Janvier 1775.

(3) Déclaration du 8 Janvier 1775, & Arrêt du Conseil du 13 Avril de la même année.

ſi favorable à l'extenſion de nos pêches, & à la ſubſiſtance du Peuple, ne coûta au Roi preſque aucun ſacrifice réel de revenus. La conſommation s'accrut au point que la recette de la moitié des droits ſur la marée fraîche qui fut conſervée, ſe trouva peu inférieure à celle qu'avait précédemment procuré la totalité des anciens droits. C'eſt une belle expérience de finances ; & il faut croire qu'elle ne ſera pas perdue pour le genre humain, & que le bien qui en réſultera ne ſe bornera point à celui qu'elle a produit.

Ces ſoins de l'adminiſtration ne faiſaient pas négliger à M. Turgot ceux de la finance proprement dite. Pluſieurs opérations de ſon prédéceſſeur, dont l'exécution pouvait entraîner de grands inconvénients, devaient ou avoir lieu ſous très-peu de temps, ou être ſur le champ réformées.

On ſait dans quel eſprit & par quels moyens s'étaient pendant long-temps décidées les *Affaires de finance.*

Les droits d'hypothéques, ceux de greffes, les quatre deniers pour livre du prix des ventes d'immeubles dans les provinces, avaient été confiés à une Régie, ſous le nom de *Rouſſelle.* Les Régiſſeurs devaient faire huit millions d'avances remboursables par des paiements ſucceſſifs, dont le dernier devait avoir lieu au mois de Juillet 1781. L'intérêt de leurs avances était ſtipulé à ſix pour cent ; on leur avait accordé en outre des droits de préſence montant à *quatre cents quatre-vingt mille livres* par an, ou ſix autres pour cent de leurs premiers fonds, & ces droits de préſence devaient durer ſur ce pied juſqu'au terme de leur Régie. Il en résultait que depuis le premier Janvier 1781 juſqu'au premier Juillet, les cautions de Rouſſelle ne devant plus être en avance que d'un million, dont la moitié leur aurait été rembourſée au premier d'Avril, n'en auraient pas moins touché, outre l'intérêt de leur capital à ſix pour cent, ſujet à la retenue du dixieme, un ſurcroît d'intérêt de *deux cents quarante mille livres*, ſous le nom de droits de préſence. Pour les trois premiers mois de 1781, ces deux intérêts réunis euſſent été de *cinquante-quatre*, & dans le ſecond trimeſtre ils ſe ſeraient élevés aux taux de *quatre-vingt-ſeize* pour *cent.* M. Turgot crut devoir conſeiller au Roi de réſilier ce marché. Il forma une nouvelle Régie qui fournit quatre millions d'avances de plus que l'ancienne, de laquelle on augmenta le travail, en lui confiant la perception d'un plus grand nombre de branches de revenus, dont on n'augmenta point cependant le taux des droits de présence, & avec laquelle on stipula que ceux qui seraient accordés aux Régisseurs, soumis, comme les intérêts de leur capital, à la retenue du dixieme, diminueraient comme les intérêts même & dans la même progression, en raison des remboursements successifs (4). M. Turgot avait pris des mesures pour que ces remboursements fussent terminés six mois plutôt que ne devaient l'être ceux de l'ancienne Régie, quoiqu'il y eût quatre millions de plus à rendre à la nouvelle. Il hâtait les remboursements de ces especes d'avances, parce que, dans ce commencement de son ministere, l'intérêt de l'argent n'étant point encore baissé, il était obligé de payer l'argent que la situation des finances rendait nécessaire à un taux au-dessus de celui

(4) Résultat du Conseil du 15 Novembre 1774.

qu'il se proposait d'établir, & auquel il parvint dans la suite.

Il avait été encore plus pressant de prendre un parti sur l'administration des Domaines. Ceux qui sont proprement ainsi nommés, les Domaines réels, avaient été affermés pour trente ans, au prix de *quinze cents soixante-quatre mille six cents livres* par an, dont on devait payer une année d'avance, le premier Octobre 1774. A cette condition on avait donné aux Fermiers la jouissance de terres précédemment louées *onze cents seize mille cent soixante-quatre livres*, par baux particuliers qui finissaient au mois de Décembre 1774, les profits à faire sur le renouvellement présent, & les renouvellements successifs de ces baux pendant trente années, & de plus la jouissance pour le même temps de toutes les terres vaines & vagues à défricher ou à dessécher, dont le Roi pourrait avoir le droit de jouir, & la faculté illimitée de rentrer dans tous les Domaines, dans lesquels le Roi aurait pu rentrer lui-même. Par cette derniere clause, on affermait un droit dont le Gouvernement n'était pas à portée de connaître l'étendue, ou, pour mieux dire, on donnait gratuitement ce droit, ainsi que les augmentations successives de quatre baux; car dès le premier renouvellement on trouva dans le cours de l'année 1775 à porter les sous-baux de six & de neuf ans au même produit pour lequel le bail général de trente ans avait été passé.

Les baux de trente ans conviennent quelquefois aux particuliers qui traitent de leurs propres affaires, qui peuvent calculer la valeur de ce qu'ils engagent, & peser l'avantage d'appeller par cette espece d'aliénation pour la durée de leur propre vie, des capitaux & des améliorations considérables sur le patrimoine de leurs enfants. Mais pour le compte de l'Etat, c'est toute autre chose. Les Administrateurs les plus integres, en y apportant les soins les plus vigilants, font presque toujours de mauvais marchés pour le public. Il leur est impossible de n'être pas aisément trompés, dans une multitude immense de grandes affaires qu'ils n'ont jamais eu le temps ni les moyens d'étudier suffisamment. Ils ont à lutter dans l'obscurité contre des intérêts très-éclairés & très-adroits, & contre cette avidité générale qui cherche à s'excuſer elle-même, lorſqu'elle ne s'exerce qu'aux dépens du Roi, ou de la Société entiere. Car l'ignorance des vrais principes de la morale porte un grand nombre de gens qui paſſent dans le monde pour très-honnêtes, & qui ſe feraient réellement ſcrupule d'abuſer de la bonne foi d'un particulier, à ſe permettre ſans remords des gains exceſſifs, des marchés illuſoires, des profits uſuraires & cachés, lorſqu'ils traitent avec le Gouvernement. Dans cette pente funeſte qui ne pourrait diminuer que par une excellente éducation morale, dont il n'exiſte encore d'exemple que dans un infiniment petit nombre de familles éclairées & vertueuſes, & qu'en général notre jeuneſſe ne reçoit pas, les Adminiſtrateurs doivent trembler ſur chaque déciſion ; doivent deſirer de revenir à l'examen le plus ſouvent qu'il leur ſera poſſible ; doivent ſentir combien un engagement de trente ans eſt imprudent & abſurde.

Celui qu'on avait pris excitait les plus vives réclamations. Les Engagiſtes univerſellement menacés de procès au nom du Roi, dont le Roi ne devait pas retirer le fruit; les Communautés d'Habitants allarmées sur le retrait des terres vaines & vagues qui servent au pâturage de leurs bestiaux, ne cessaient de présenter Mémoires sur Mémoires. Il fallait se déterminer, & se déterminer assez promptement pour ne pas déranger, ou pour suppléer le paiement de *quinze cents soixante-quatre mille livres* qui devait être effectué au Trésor Royal le premier Octobre, & dont l'emploi était arrêté d'avance dans la dépense de ce mois.

Le bail de trente ans était visiblement insoutenable. Il ne restait que le choix entre trois partis.

Le premier, de remettre les Domaines réels entre les mains des Fermiers-Généraux, auxquels on venait de les retirer. Mais la Régie de la Ferme-Générale n'est pas propre à une administration terrienne, & l'expérience avait fait voir que sous cette Régie les Domaines avaient été fort négligés, qu'on n'avait pas mis l'attention & la suite nécessaires à la recherche des titres, & qu'en passant des sous-baux on n'était entré dans aucun des détails qui auraient dû mettre à portée de connaître ce qui en faisait l'objet.

Le ſecond parti était de confier la Régie des Domaines aux Receveurs-Généraux des Domaines & Bois. On y penſa, on leur en parla. Mais, d'un côté, ils ne ſe trouverent point à portée de faire par eux-mêmes les fonds d'avances que les circonſtances où l'on ſe trouvait, & les vues ultérieures de M. Turgot rendaient néceſſaires. De l'autre, on réfléchit que leur adminiſtration n'avait point aſſez d'unité, que chacun d'eux était trop accoutumé à ſe conduire dans ſon département ſelon ſa propre intelligence; & l'on ne pouvait ſe diſſimuler que ſi pluſieurs d'entre eux étaient des hommes d'une activité & d'un mérite diſtingués, quelques autres étaient loin d'avoir les mêmes talents.

L'envie d'établir des principes uniformes & d'avoir une adminiſtration dont on pût toujours connaître la marche & l'enſemble, fit donc préférer le troiſieme parti, qui était, en réſiliant le bail de trente ans, dont la jouiſſance n'était pas encore commencée, de former une Régie ſpéciale pour les Domaines. C'eſt ce qui fut fait par l'Arrêt du Conſeil, du 25 Septembre 1774.

La Régie fut établie pour neuf ans.

Les Régisseurs firent un fonds d'avance de *six millions*. Ils ne devaient toucher aucun remboursement pendant les trois premieres années de leur Régie, & devaient être remboursés d'un million par an, pendant chacune des six dernieres. L'intérêt de leurs fonds fut assigné à six pour cent avec retenue du dixieme, ce qui le réduisait à cinq & deux cinquiemes ; & l'on doit se rappeller que c'était le premier moment de l'administration de M. Turgot, où il était obligé de suivre le cours subsistant, où il n'avait encore pu faire aucune opération qui influât sur l'intérêt de l'argent, où il avait besoin de cette avance même pour ces opérations, qu'il n'a pas tardé à suivre, & dont le succès a été complet.

On donna aux Régisseurs, outre l'administration des Domaines réels, dont le bail de trente ans était révoqué, la perception des droits féodaux & seigneuriaux casuels sur les terres de la mouvance du Roi, & le soin d'une ferme particuliere qui avait été formée pour quelques Domaines réunis par le décès des Engagistes qui ne l'avaient été qu'à vie. Leur recette annuelle fut estimée, sauf les améliorations ſucceſſives de *quatre millions cent mille livres* à *quatre millions trois cents quarante mille livres.* Leurs droits de préſence furent réglés comme l'intérêt de leurs fonds à cinq & deux cinquiemes pour cent du capital de leurs fonds d'avances, & ſoumis aux mêmes dégradations, en raiſon des rembourſements ſucceſſifs: de ſorte qu'en y ajoutant les remiſes qui leur étaient accordées en raiſon du produit, & les frais de Bureau de toute eſpece, & répartiſſant le tout ſur la totalité de la recette dont la Régie était chargée, cette recette rendue au Tréſor Royal ne coûtait qu'environ ſeize deniers pour livre.

Le plus grand avantage de cette opération était d'aſſurer pour la ſuite, autant qu'il ſerait poſſible, la connaiſſance de la véritable valeur des Domaines du Roi. Les fonds qu'elle fourniſſait, joints à ceux de la régie des hypotheques, & à ceux qui reſtaient du dernier emprunt en rentes viageres fait par M. l'Abbé Terray, furent employés à relever le crédit, à éteindre des anticipations beaucoup plus cheres, à faciliter les moyens de faire la plupart des dépenſes au comptant, & de diminuer ainſi les frais de banque, ceux de commiſſion, ceux de remiſes & de ſervices des Tréſoriers. Les meſures que M. Turgot prit à cet égard furent ſi ſages, & ſi bien calculées, qu'il parvint dans l'année 1775, comparée en ce point avec l'année moyenne des onze précédentes, à économiſer *cinq millions ſept cents cinquante mille livres* ſur ces ſortes de frais. C'était s'attirer de dangereux ennemis, mais c'était mériter de grands éloges.

La place de Banquier de la Cour avait été ſupprimée. Elle était inutile ſous un Miniſtere qui opérait en grand, qui s'aſſurait les moyens de ſe paſſer de reſſources momentanées, qui rétabliſſait le crédit de l'Etat, qui n'en voulait point d'autre, & qui regardait, ainſi qu'on l'a vu plus haut, tout profit qu'il était poſſible de retrancher ou ſur la recette, ou ſur la dépenſe des revenus publics, *comme une dette conſacrée au ſoulagement du Peuple* (5).

Fidele à ce principe, M. Turgot, dès le commencement de ſon Miniſtere, avait

---

(5) Voyez dans la premiere Partie de ces Mémoires dans la Lettre de M. Turgot au Roi, page 142.

mis ſous les yeux du Roi la liſte des Croupiers & des Penſionnaires, dont l'exiſtence grévait preſque toutes les places des Fermiers-Généraux, & il avait été autoriſé à écrire à leur Compagnie que ſi le Roi ſe portait, par reſpect pour la mémoire de ſon Ayeul, à ne retrancher aucune des graces antérieurement accordées, il n'en accorderait du moins aucune de cette eſpece ; & que ſon intention était que toutes les croupes qui viendraient à s'éteindre tournaſſent au profit des Fermiers-Généraux titulaires, & que perſonne n'eût part aux avantages des places de finance, que ceux qui les rempliſſaient. Il leur déclara auſſi qu'il ne ſerait accordé d'adjonctions que ſur la demande des Fermiers eux-mêmes, & pour des ſujets utiles à leur Régie, qui euſſent rempli avec diſtinction les places de Directeurs-Généraux des Fermes.

Cette réſolution équitable du Roi aurait dû concilier à ſon Miniſtre la bienveillance des Fermiers-Généraux, & quelques-uns d'entre eux en effet lui ont toujours rendu juſtice (6). Mais le plus

(6) On doit nommer parmi eux, M. *de Verdun*, M. *Augeard*, & M. *de Lavoisier*.

grand nombre effrayé par les projets qu'il avait, ou qu'on lui supposait, & par la nouveauté des principes avec lesquels il prononçait sur les contestations qu'occasionnait leur Régie, était vivement prévenue contre lui.

M. Turgot, rigoureusement attaché à l'exécution de toute Loi, était ennemi décidé de toute *extension*. On avait cru avant lui qu'il était de l'intérêt des recouvrements d'expliquer en général les obscurités des Loix fiscales en faveur des Fermiers. M. Turgot ne prononçait pour eux que lorsque leur droit était clair. Dans les cas douteux, il jugeait pour le Peuple ; & l'on ne peut pas nier que l'équité ne le demande ainsi. Mais on criait de toutes parts qu'une telle Jurisprudence ferait baisser les produits ; que les Fermiers ne pourraient tenir leurs engagements ; qu'ils seraient réduits à demander des indemnités, & à compter *de Clerc à Maître*. Le contraire est arrivé. Un esprit plus doux ayant été porté dans la perception, & les formes étant devenues moins oppressives, le Commerce s'est animé, & la consommation s'est accrue au point que les profits du bail des

des Fermes, au-delà des rétributions & des intérêts annuels, ont monté à *soixante millions*, dont *quatorze millions quatre cens mille livres* pour le Roi, & *quarante-cinq millions six cens mille liv.* pour les Fermiers-Généraux : ceux du bail précédent, régi avec une verge de fer, n'avaient été que de *dix millions cinq cens cinquante mille livres*, dont *trois millions cent soixante-cinq mille livres* revenant au Trésor Royal, & *sept millions trois cens quatre-vingt-cinq mille livres* à la Ferme. De sorte que les principes d'équité scrupuleuse & d'humanité, suppléés par M. Turgot dans la Régie des Fermes à ceux de sévérité, d'extension & de rigueur, ont presque quintuplé les profits du Roi, & plus que sextuplé ceux des Fermiers-Généraux sur la masse de leur bail ; seconde expérience de finance, qui n'est pas à dédaigner. Il est vrai qu'on peut dire que quelques bonnes récoltes de vin ont contribué à ce profit extraordinaire. Cependant l'année 1777 a été mauvaise, & 1776 médiocre. D'ailleurs la guerre a réduit à rien le Domaine d'Occident ; & si la partie du tabac a été régie avec plus de soin, les achats en ont coûté beaucoup plus cher. Aussi les Fermiers-Généraux les plus instruits ne dissimulent à personne aujourd'hui que les principes de Régie introduits par M. Turgot, leur ont été très-favorables. Ils commencent à recommander à leur Compagnie de ne point ajouter à la surcharge de l'impôt par la forme de la perception. Ils voudraient pouvoir le diminuer pour y gagner davantage ; & cet esprit, qui leur sera profitable, adoucira le sort du Peuple. M. Turgot passait pour n'être qu'un Philosophe : il a instruit les Financiers dans la pratique de leur métier, & leur a prouvé l'utile vérité, qu'il sera d'autant plus avantageux pour eux, qu'ils le rendront moins vexatoire : puisse cette heureuse découverte n'être pas du nombre de celles que leur importance bien constatée n'a pas empêché de retomber dans l'oubli !

Une grande partie des procès relatifs à la Régie des Fermes-Générales, se portant en premiere instance devant MM. les Intendants en Province, & à Paris devant M. le Lieutenant de Police, d'où, par appel, au Conseil, la multitude des décisions par lesquelles M. Turgot établit la Jurisprudence également utile au Peuple & aux finances dont nous venons de parler, & dans le travail desquelles il n'a pu être secondé que par MM. *Trudaine & de Fourqueux* (7), nous entraînerait dans des détails immenses & fastidieux, que nous devons supprimer. Laissant donc les Arrêts sur litige, qui ne font que déterminer la maniere d'exécuter les Loix fiscales, nous nous bornerons à dire un mot de ceux qui ont influé sur cette branche même de la Législation.

La perception des droits d'entrée sur les fers blancs & les fers noirs, venant de l'Etranger, fut simplifiée (8), en établissant, à raison du poids, le droit qui s'était jusqu'alors levé en raison de la qualité, ce qui faisait naître beaucoup de contestations.

---

(7) La santé de M. *Trudaine* ayant commencé à être très-altérée pendant le Ministere de M. *Turgot*, & au point de l'obliger de voyager pour changer d'air; c'est principalement sur M. *de Fourqueux* qu'est tombée la fatigue de ce travail très-ennuyeux, très-pénible, mais très-important.

(8) Arrêts du Conseil du 23 Octobre 1774, & du 5 Avril 1775.

Les droits qui avaient été établis en 1772 ſur les étoffes qui *paſſent debout* à Paris, furent ſupprimés (9), ainſi que ceux ſur l'entrée des Livres dans le Royaume [10], qui avaient été portés, en 1771, à vingt livres par quintal, & réduits, en 1773, à neuf livres deux ſols, y compris les ſols pour livre.

Les Fermiers-Généraux avaient obtenu en 1773 de fournir excluſivement le ſel dans les Dépôts établis ſur la frontiere des Provinces rédimées de Gabelles, & quoiqu'ils duſſent le donner à un prix modéré & réglé ſur les frais d'achat & de route, les Provinces réclamaient, dans la crainte que le Fermier, ſeul fourniſſeur, ne trouvât des raiſons pour augmenter le prix, & que ſa fourniture ne pût dans la ſuite être ſoumiſe à quelques ſols pour livre. M. Turgot rétablit les choſes ſur l'ancien pied, en accordant au Fermier les indemnités qu'il était en droit de prétendre [11].

On avait auſſi changé en 1773 la forme

(9) Lettres-Patentes du 25 Décembre 1775.

(10) Arrêt du Conſeil du 23 Avril 1775.

(11) Arrêt du Conſeil du 14 Octobre 1774.

ſelon laquelle la Chambre des Comptes devait jouir de ſon franc-ſalé, & cette Compagnie deſirait vivement le retour à l'ancienne forme, qui lui fut accordé [12].

En rétabliſſant les anciens uſages qui lui paraiſſaient légitimes, M. Turgot ſavait braver ceux qui ne préſentent que des abus & des dangers.

La vénalité des Charges lui semblait un grand mal, ſur-tout celle des Charges dont l'exercice demande des lumieres peu communes. Le mérite & les talents étaient à ſes yeux les ſeuls titres par leſquels on dût prétendre à la confiance de la Nation & du Souverain. Il ſentait que, pour conſerver une Charge une fois obtenue à prix d'argent, il ſuffiſait d'être irrépréhenſible, & qu'on avait toute liberté d'être médiocre. Et quand on pourrait mettre à l'obtention, ou à la durée, de l'agrément du Souverain, ou des Compagnies, une ſévérité à laquelle nos mœurs répugnent abſolument, il ſentait encore que l'eſpece d'emprunt forcé ſur les Titulaires des Charges,

(12) Arrêt du Conſeil du 7 Janvier 1775.

qui conſtitue leur vénalité, avait l'inconvénient irrémédiable de ne laiſſer à choiſir, pour remplir les places, que parmi les gens riches. Il ſentait que c'était en exclure un très-grand nombre d'hommes dignes & capables, tandis qu'il n'y a perſonne cependant qui osât dire que la plus grande capacité ne méritât pas d'être préférée. Il eût deſiré que cette opinion devînt générale; mais la ſienne ne pouvant influer que ſur les Charges qui dépendaient de ſon adminiſtration, il engagea le Roi à ſupprimer, par l'Edit de Novembre 1774, les quatre Charges & Offices d'Intendants du Commerce. Il fit rembourſer un des Offices, qui était vacant, & dont M. *Albert* rempliſſait les fonctions d'une maniere très-diſtinguée, mais par ſimple commiſſion. L'Edit ordonne que, vacance arrivant par mort ou démiſſion des autres Charges d'Intendant du Commerce, elles ſeront pareillement rembourſées, & que le ſervice important qui avait été confié à leurs Titulaires, ne ſera tranſmis à leurs Succeſſeurs que par Commiſſion du Roi.

La coutume s'était introduite, que les Fermiers-Généraux donnaſſent au Contrôleur-Général, sous le Ministere duquel ils commençaient leur bail, cent mille écus par forme de présent. Quelques Contrôleurs-Généraux observant qu'il est rare de l'être pendant six années, & trouvant peu convenable que leur prédécesseur emportât à lui seul une espece de rétribution plus attachée à la place qu'à l'homme, avaient transformé ce présent en une gratification annuelle de cinquante mille francs. Leurs successeurs n'en avaient pas moins cru que le don de cent mille écus devait toujours avoir lieu pour la signature du bail. La facilité de nos mœurs se prêtait à tous ces arrangements, devenus, par l'habitude & l'opinion, une sorte de droit, & regardés comme des émoluments légitimes du Ministere des Finances. M. Turgot, qui ne trouvait à tout cela de noblesse ni dans les mots, ce présent s'appellait *pot-de-vin*, ni dans les choses, & qui voyait clairement que sans cette convention tacite, les baux seraient au total de six cens mille francs plus chers, crut devoir abolir l'un & l'autre usage d'une maniere assez marquée, pour qu'il soit à l'avenir impossible de les renouveller. Les cent mille écus déjà fournis furent distribués aux Curés de Paris pour être employés à former les avances d'un travail de filature & de tricot, dont les ouvrages seraient vendus ; ce qui procurerait à ces Pasteurs charitables la rentrée du fonds, & perpétuerait ainsi les moyens qu'ils y trouveraient d'occuper les pauvres de leurs Paroisses.

M. Turgot n'a pas vécu , ni administré un instant, sans travailler ou au soulagement des pauvres, ou à diminuer les causes qui font naître & propagent la pauvreté. Touché de la rigueur & de l'inutilité de la Loi qui établissait les contraintes solidaires contre les principaux Habitants des Paroisses pour le paiement des impositions royales, il avait proposé au Roi d'en délivrer les Contribuables, excepté dans le cas de rebellion.

Cette Loi des contraintes solidaires autorisait les Receveurs à faire mettre en prison les quatre plus haut cotisés à la Taille de chaque Paroisse, lorsque le Collecteur s'était trouvé insolvable , jusqu'à ce qu'ils eussent rempli le *déficit*, sauf à eux à exercer ensuite leurs recours contre les Paroisses par forme de rejet & de réimposition. Le cœur du Roi sentit combien il était trifte & injufte de vexer & de ruiner ainfi par provifion les Habitants les plus confidérables d'une Paroiffe, pour la faute d'autrui, & lorfqu'eux-mêmes avaient acquitté leurs cotes. Il était d'ailleurs affez clair que, puifqu'on finiffait par réimpofer fur la totalité des Paroiffes la fomme dont la recette avait manqué, il valait autant commencer par-là; & que pour empêcher les Receveurs des Tailles de fe plaindre de l'obligation où ils pourraient fe trouver d'avancer pendant un temps la valeur du *déficit*, il fuffifait de leur accorder l'intérêt de cette avance, & de le réimpofer avec la fomme même qu'ils auraient à répéter. La Loi que follicitait M. Turgot fut portée (13); &, depuis ce temps, quiconque a payé fa cote dans une Paroiffe, eft affuré du moins de n'éprouver ni pourfuites, ni vexations.

Cette Déclaration bienfaifante fut accompagnée d'un Arrêt du Confeil donné dans la même vue de rendre les campagnes plus heureufes & plus fécondes, en y appellant les capitaux, la dépenfe, les

---

(13) Déclaration du premier Janvier 1775.

projets, l'induſtrie de gens riches qui voudraient tenter de grandes entrepriſes & des améliorations durables de culture. Pour faciliter leurs combinaiſons, trop gênées par nos anciennes Loix fiſcales, cet Arrêt exempte de droits d'inſinuation, de centieme ou demi-centieme denier, & de francs-fiefs, les baux des biens-fonds de la campagne qui n'excéderont pas vingt-neuf ans (14).

Ces Loix ont effectivement retenu, attiré, attaché au travaux champêtres un grand nombre d'hommes aiſés & intelligents. Elles ont augmenté la maſſe des ſubſiſtances & des richeſſes renaiſſantes, & contribué à montrer au monde que la ſageſſe des Rois eſt dans leur bonté. Elles venaient d'être ſignées, & M. Turgot croyait pouvoir s'occuper du ſoin de procurer à tout le Royaume dé meilleurs chemins à moins de frais, en le faiſant participer à l'exemption de corvées dont la Généralité de Limoges jouiſſait depuis dix à douze ans. Il croyait pouvoir ſupprimer dès-lors les impôts qui ſe levaient

(14) Arrêt du Conſeil du 2 Janvier 1775.

ſur les grains & les farines à la Halle, ſur les ports, & aux entrées de Paris, en réglant le rembourſement des Officiers à qui une partie de ces impôts avaient été aliénés, quand il tomba malade à Verſailles le 3 Janvier 1775. Ce qui l'affligeait le plus dans ce contre-temps était qu'il venait de recevoir de fâcheuſes nouvelles de la maladie épizootique qui ravageait alors nos Provinces méridionales.

Il avait déjà pris des meſures contre ce fléau redoutable. L'ordre de tuer les premiers animaux malades dans les Paroiſſes où l'épizootie ſe manifeſterait, & de les enterrer profondément, avait été donné. Le Roi s'était engagé à payer aux propriétaires le tiers de la valeur que les animaux ſacrifiés à la sûreté publique, & déjà dévoués par la maladie incurable qui les attaquait, auraient pu avoir en ſanté (15). Mais ces précautions, peut-être ſuivies d'abord avec trop de négligence, ayant été inſuffiſantes, la maladie ſe répandait avec fureur, & gagnait des Provinces où l'on avait eſpéré qu'elle ne pénétrerait pas.

---

(15) Arrêt du Conſeil du 18 Décembre 1774.

M. Turgot rassembla ses forces pour dicter, de son lit, une instruction étendue sur la maniere d'arrêter la contagion, d'en préserver les Provinces qui en étaient encore exemptes, & de désinfecter les lieux qu'avaient habités les animaux malades. Aussitôt qu'une feuille était prête, il l'envoyait à l'imprimerie établie à Versailles; il continuait de dicter. On lui rapportait les épreuves, il les corrigeait. L'instruction fut faite & imprimée en un jour & une nuit; il dicta encore les lettres qui devaient l'accompagner, & un Arrêt du Conseil pour accorder des gratifications à ceux qui conduiraient des chevaux & des mulets dans les Provinces affligées, & les y vendraient aux cultivateurs qui avaient perdu leurs bestiaux de labour (16). Il sentait bien qu'il prodiguait sa vie; mais il mourait en faisant, dans une circonstance pressante, ce qu'il regardait comme son devoir, ce que nul autre n'eût pu faire aussi bien que lui. Cet effort appella la goutte sur sa poitrine. La France manqua le perdre. Il fut près de quatre mois sans

(16) Arrêt du Conseil du 8 Janvier 1775.

pouvoir ſe lever, & ne fut tiré de ſon lit que par le bruit des ſéditions qui prenaient pour prétexte la liberté du commerce intérieur des grains.

L'hiſtoire aura peine à rendre compte de cet étrange événement. Quoique les récoltes euſſent été généralement mauvaiſes, les bleds étaient moins chers qu'on ne les avait vus ſouvent ſous le regne précédent, & notamment ſous le Miniſtere du prédéceſſeur de M. Turgot; la liberté du commerce intérieur des grains établie, ſoutenue, protégée, avait réparé une partie du mal cauſé par l'intempérie des ſaiſons. On avait permis de faire paſſer par le port de Marſeille, & d'y adreſſer, des Provinces où ſe trouvait le plus d'abondance, des grains deſtinés à l'approviſionnement de l'intérieur du Royaume, en prenant, vû les Réglements relatifs au commerce de ce port réputé étranger, des acquits à caution, qu'on était obligé de rapporter au Bureau de ſortie, avec la décharge du Bureau par lequel les grains rentraient dans le Royaume (17). Cette précaution avait aſ-

(17) Arrêt du Conſeil du 14 Janvier 1775.

ſuré la ſubſiſtance de la Provence, du Dauphiné & d'une partie du Languedoc; & les acquits à caution garantiſſaient que ſous prétexte du commerce ſi néceſſaire d'une Province du Royaume à l'autre par mer, il ne pouvait pas ſe faire d'exportation. Car, quoique M. Turgot fût convaincu que la liberté de l'exportation n'aurait eu aucun danger, il ſuffiſait qu'elle fût encore interdite par une Loi, pour qu'il voulût que cette Loi fût rigoureuſement reſpectée.

Les prédéceſſeurs de M. Turgot, par zele ſans doute, mais il faut l'avouer, par ce zele de l'ignorance preſque toujours plus redoutable que les mauvaiſes intentions, avaient, dans la vue louable de prévenir les famines ou d'y remédier, employé les moyens les plus contraires à cet objet. Ils avaient totalement découragé de contribuer à l'approviſionnement des Provinces, les Commerçants qui ne pouvaient ignorer que, ſous les ordres de ces Miniſtres, on faiſait un commerce conſidérable de bleds pour le compte du Roi, avec lequel aucun Négociant ne veut entrer en concurrence. Trop d'expériences ont en effet prouvé que des ſpéculateurs qui diſpoſent des fonds du Tréſor Royal, & qui ont l'autorité derriere eux, ont mille moyens de ruiner les opérations du commerce particulier, & doivent y réuſſir contre le vœu même du Gouvernement qui les emploie. M. Turgot qui avait tant de fois démontré que le Commerce particulier cependant pouvait ſeul contribuer aux beſoins du Peuple dans les années de diſette & les cantons malheureux, avait donné & fait donner les aſſurances les plus poſitives que le Roi, ni l'Adminiſtration, ne ſe mêleraient plus du commerce des bleds que pour le protéger en général & contre toute vexation. Joignant les effets aux paroles, il avait fait vendre, avec la ſeule précaution que ce fût ſucceſſivement & au cours du marché, pour ne pas donner de ſecouſſes aux prix naturels, environ *cent ſoixante-dix mille ſeptiers* de bled qui s'étaient trouvés dans les magaſins de la Compagnie qui avait eu les commiſſions du Roi. Il avait fait louer ces magaſins & les moulins dont cette Compagnie avait eu l'uſage.

Cette opération ſi raſſurante pour le commerce, & ſans laquelle la liberté que les Loix lui devaient & lui promettaient aurait été illusoire, fit rentrer au Trésor Royal *quatre millions* qui n'auraient jamais dû en être sortis, & qui contribuerent au succès des opérations de finance. La réforme d'un abus prêtait des forces pour diminuer les autres.

On avait réprimé les tentatives ou les erreurs de quelques Juges qui, sous prétexte de police, s'étaient permis de gêner l'importation des grains étrangers (18). Il en était arrivé beaucoup de Hollande & du Nord. Tout ce qui avait pu se faire pour procurer l'abondance & pour égaliser la distribution des denrées avait été fait. La disette n'était nulle part. Les Provinces où le soulévement eut lieu, n'étaient pas celles où le bled se vendait au plus haut prix. Ceux qui le pillaient n'étaient pas des gens affamés. Ils se souciaient même assez peu de le paraître, puisqu'ils répandaient par les rues, ou jetaient à la riviere les grains dont ils s'étaient emparés, ce qui ne pouvait avoir d'autre effet que celui

---

(18) Arrêt du Conseil du 7 Avril 1775.

d'augmenter

d'augmenter la cherté dont ils feignaient de se plaindre. Les principaux d'entre eux avaient douze francs dans leur poche, & les proposaient aux marchands avant le pillage, soit pour un sac de grain, soit pour un sac de farine, quoique le peuple n'ignore pas que le sac de celle-ci vaille ordinairement le double du sac de grain. Quelques-uns avaient de l'or. Leur marche était réglée, comme si leur projet eût uniquement été d'affamer Paris. Sous ce point de vue elle était parfaitement dirigée, dans les meilleurs principes de l'Art Militaire, comme par un Général expérimenté. Elle était si bien réglée, qu'elle pût être devinée d'après leurs premiers pas, & que dès le troisieme jour ils furent prévenus, dans tous les lieux où ils se présenterent, par les troupes qu'on envoya au devant d'eux. On avait imprimé de faux Arrêts du Conseil, on avait fabriqué d'avance, & laissé moisir pour le moment de l'explosion, du pain composé d'un peu de farine de seigle mêlée de son & de cendre. On avait répandu ce pain à Paris, & sur-tout à la Cour. Mais, si la partie militaire de ce plan montrait du talent, la partie politique faisait pitié.

La marche pour affamer Paris était conduite avec intelligence. L'espoir de soulever les Parisiens en pillant leur pain & le jetant à leurs yeux dans la boue, n'avait pu entrer que dans des têtes bien médiocres.

Tout ce qu'on peut croire & dire est que M. Turgot avait & devait avoir beaucoup d'ennemis. Il avait déjà coupé la racine à des grands profits. Son projet de détruire les Jurandes avait transpiré, de même que celui d'ôter les droits sur les grains. On craignait de lui de bien plus grandes réformes dans toutes les branches de l'administration. L'enthousiasme de ses admirateurs, la manie qu'ils avaient de lui supposer, & souvent de lui attribuer tous les projets qu'ils concevaient eux-mêmes, devaient semer les allarmes sur une multitude de gens, & fomenter des haines sans nombre. Beaucoup d'adversaires font beaucoup de mauvais propos, peuvent animer quelques esprits ardents; quelques esprits ardents peuvent soulever un petit nombre de personnes; un petit nombre de personnes peuvent faire beaucoup de bruit en l'annonçant la veille: & en effet le Peuple qui se trouvait à ces scenes scandaleuses, & y faisait nombre, n'y venait que comme au ſpectacle ; attiré par la nouveauté de l'invitation, & par l'eſpoir d'une diſtribution gratuite dont il ne comprenait pas trop le motif.

Du reſte, nulle opiniâtreté, nulle force, nulle animoſité parmi les ſéditieux. Ils faiſaient leurs courſes en chantant. Jamais complot ſi atroce ne fut exécuté d'une maniere ſi ridicule.

Indépendamment du danger de toute inſubordination, il pouvait cependant avoir pluſieurs effets très-funeſtes : celui de détruire une grande quantité de ſubſiſtances, celui d'exciter de proche en proche des ſoulevements dans toutes les Provinces ; celui d'effrayer le commerce, de faire manquer les approviſionnements ordinaires, d'expoſer Paris & les autres grandes Villes à quelques moments d'une diſette réelle. Il avait au moins celui de détourner de pauvres citoyens de leurs travaux, d'augmenter leur miſere par la perte de leurs temps, & de détruire leur morale, en leur perſuadant qu'ils pouvaient diſpoſer arbitrairement du bien d'autrui.

Mais la fermeté du Roi déconcerta les acteurs. La vigilance qui répandit les troupes dans tous les points importants, réduisit le pillage à très-peu de chose ; & la présence d'esprit avec laquelle M. Turgot fit payer sur le champ *cinquante mille francs* au Négociant *Planter*, pour la valeur d'un bateau de bled qu'on lui avait pillé, & dont on avait jeté le grain à l'eau, rassura le commerce. Les Marchands & les Laboureurs virent qu'ils pouvaient continuer d'envoyer des grains, puisqu'il n'y avait rien à perdre, & que le Roi les garantissait par ses armes, ou les payait si bien. Les approvisionnements continuerent de même que s'il n'y avait point eu de désordre. Le trouble réprimé & n'ayant plus d'objet, fut obligé de finir ; & bientôt, comme il arrive trop souvent en France, la plupart des sociétés n'y virent plus qu'une matiere à plaisanterie.

Les bons esprits & les cœurs honnêtes n'y devaient cependant trouver que des sujets d'affliction profonde. On n'avait pu se dispenser de sacrifier deux malheureuses victimes ; *six cents dix mille francs* avaient été dépensés en pure perte, beaucoup de temps précieux pour le Peuple & pour le ministere avait été consumé, beaucoup de projets utiles avaient été retardés, & de plus grandes haines couvaient pour un autre temps.

Leur donnera-t-on le plaisir féroce de savoir toute l'étendue du mal qu'elles ont fait ? Oui ; puisque c'est un moyen, le seul moyen peut-être, de mettre sous les yeux de la Nation, sous ceux de la postérité, sous ceux du Roi, une partie des plans achevés ou presque achevés, que la nécessité d'employer six semaines au soin pressant de protéger le commerce, l'agriculture & la subsistance du Peuple contre les efforts d'une sédition insensée, ont assez retardés pour faire manquer l'époque du mois d'Octobre 1775, où ces projets auraient dû avoir été soumis à l'approbation du Monarque & de son principal Conseil, & pouvoir s'exécuter. Car l'assiette & la répartition de toutes les impositions territoriales & personnelles se faisant au mois d'Octobre, & les rôles des contributions étant alors rendus exécutoires pour un an ; ce n'est qu'au moment où l'année est révolue, & où il faut procéder à une nouvelle répartition & donner les ordres qu'elle nécessite, qu'on peut perfectionner cette grande opération du Gouvernement, la régler d'après de meilleurs principes, & y apporter les réformes que le bien de la Nation, les droits des contribuables, & l'intérêt même du fisc, exigent de la sagesse & de la bonté du Souverain. Au mois d'Octobre de l'année suivante, il y avait déjà long-temps que M. Turgot n'était plus dans le cas de proposer ce qu'il aurait cru convenable ; & dans l'intervalle, sa grande ame aurait dédaigné d'employer l'exposition de ses projets pour se soutenir, & de donner ainsi au zele pur dont il était animé, l'air de la prétention ou de l'intrigue.

Il faut donc dire qu'il avait résolu de supprimer les deux Vingtiemes & les quatre sols pour livre du premier, en les remplaçant par une imposition de la même somme, sous le nom de *subvention territoriale*, mais qui aurait été établie dans une proportion réelle & juste avec les revenus des biens fonds (19), de sorte

(19) On sait que la proportion des Vingtiemes avec le revenu des terres n'est que *nominale*. Les petites propriétés sont taxées à la rigueur ; aucune des grandes ne l'est à son véritable taux. Ainsi les plus pauvres contribuables de la Nation sont surchargés, & les plus riches soulagés ; ce qui est visiblement contraire à toute justice & à toute saine politique.

qu'on aurait pu avoir une véritable connaiſſance des revenus territoriaux : premiere baſe de toute bonne opération de finance.

Il faut dire que le travail néceſſaire pour établir l'utilité de cette converſion des vingtiemes en une impoſition de même valeur, mais effectivement proportionnelle aux revenus, & le diſpoſitif de la Loi qui aurait ordonné cette converſion, ainſi que le détail des moyens de l'effectuer, ont été conduits preſqu'au point où il les fallait pour les pouvoir offrir aux regards du Miniſtre principal & du Roi.

Il faut dire qu'il avait pris des meſures pour épargner à toutes les Provinces du Royaume, comme il l'avait fait à la Généralité de Limoges, la perte des temps, les dangers & les abus de la Collecte des Tailles.

Il faut dire enfin qu'il avait conçu un grand plan pour régler, de la maniere la plus équitable & la plus ſimple, la répartition de toutes les impoſitions territoriales, & celle de tous les travaux publics; en établiſſant une hiérarchie d'adminiſtrations municipales, à commencer par celles des Paroiſſes de Campagne faisant Corps de communauté, & des Villes; formant ensuite des Députés des unes & des autres, chargés d'instructions par leurs commettants, la municipalité des arrondissements d'un certain nombre de Villes, de Bourgs & de Villages, & nommés Elections, Bailliages ou Vigueries, qui par leurs Députés, pareillement porteurs d'instructions, formeraient à leur tour celle des Provinces dont ces arrondissements font partie; lesquels enfin auraient pendant un certain temps à la Cour des Députés, qui, réunis, pussent coopérer sous les ordres du Roi, à l'administration municipale de la totalité du Royaume, d'après la connaissance que chacun d'eux aurait de la Province dont il serait envoyé, & les faits qu'il pourrait justifier (20).

Le principe de ces Administrations aurait été que chaque possesseur d'une pro-

---

(20) Cet établissement ne devait d'abord être fait que pour les Provinces qu'on appelle *Pays d'Election*; mais il y avait lieu de croire que les grands avantages qu'elles en retireraient, engageraient, plutôt ou plus tard les *Pays d'Etats* eux-mêmes, à demander au Roi de changer la forme de leur administration, & de les rapprocher de la constitution générale.

priété

priété fonciere pût, dans le canton où elle eſt ſituée, concourir à la répartition des impoſitions, à la publicité uniquement utile à ce canton, en raiſon préciſe du revenu de ſa propriété; que les Députés de chaque Communauté puſſent concourir à la répartition des mêmes impoſitions entre les Communautés, ainſi qu'au pouvoir d'ordonner & de faire exécuter les chemins & les canaux avantageux à tout l'arrondiſſement où leur Communauté ſerait compriſe, & n'intéreſſant que cet arrondiſſement, en raiſon également préciſe des revenus de cette Communauté; & de même en remontant juſqu'à la répartition générale des impoſitions entre les Provinces & à celle des grands travaux publics, qui, regardant la totalité de la Nation, ſe feraient faits par ordre du Roi avec le concours de l'aſſemblée générale des Députés des Provinces.

Il ſerait réſulté de la contexture de ce plan profondément combiné, que toutes les affaires importantes à l'adminiſtration de chaque canton, & n'important qu'à lui, ſe feraient faites & décidées auſſi raiſonnablement, auſſi équitablement qu'il ſoit poſſible dans le canton même ; que chaque citoyen aurait eu la plus grande influence qu'il puiſſe deſirer ſur toutes les choſes qui l'intéreſſent, & une influence exactement proportionnée au degré d'intérêt qu'il y peut avoir ; tandis que de ſon côté le Roi aurait eu la connaiſſance la plus ſûre & la plus complette qu'il ſoit poſſible de la véritable ſituation de ſon Royaume, la plus grande autorité & la moins aiſée à tromper, la plus grande facilité pour faire exécuter à l'inſtant ſes intentions paternelles ; & que les Miniſtres débarraſſés d'une incroyable multitude de détails, qui dans la forme actuelle les accablent de travail, auraient eu le loiſir de s'occuper uniquement, avec toute la maturité & tous les ſecours néceſſaires, des grandes vues dans la légiſlation & de l'adminiſtration générale.

Il faut dire que ce plan qui eſt un des plus vaſtes & des plus ſages du plus excellent homme d'Etat, & les deux autres dont on vient de parler, étaient entiérement achevés au mois de Septembre 1775 ; & que ſi la futile ſédition prétextée par le commerce de grains n'eût pas dévoré ſix ſemaines, ils euſſent pu l'être à la fin de Juillet, & qu'alors ils euſſent pu être ſoumis à la diſcuſſion du Conſeil, propoſés au mois d'Octobre, où, comme nous venons de le remarquer, il était abſolument néceſſaire que leur exécution commençât, à peine d'être reculée d'un an. C'eſt un devoir envers la Patrie de publier ce qu'on a pu recueillir de ce plan général d'adminiſtration que M. Turgot avait conçu, & dont on ne pourrait donner ici une juſte idée qu'en le tranſcrivant en entier; ce devoir ſera rempli.

Le terme où M. Turgot aurait deſiré de voir adopter un établiſſement d'une ſi grande importance ſe trouvant paſſé, il jugea qu'il fallait attendre un autre temps pour occuper le Roi & le Conſeil de projets dont l'exécution ne pouvait plus être prochaine, & crut devoir ſe livrer lui-même au travail des opérations qui ne demandaient point une époque poſitive.

Avant d'en revenir à celles-ci qui ſont connues du Public, ſera-t-il permis de dire encore qu'il avait joint à ſon projet de Conſtitution générale de tous les degrés d'Administrations, celui de l'établissement d'un Conseil de l'instruction nationale, composé d'un petit nombre de Citoyens les plus recommandables par leur naissance, leurs lumieres & leurs vertus, choisis parmi les plus grands Seigneurs, dans le Conseil du Roi, dans le Parlement; & que ce Conseil qui ne devait influer en rien sur l'instruction religieuse, toujours sacrée & qui n'est pas du ressort de l'autorité civile, devait avoir la direction générale des Académies, des Universités, des Colleges, des petites Écoles, faire faire au concours des livres classiques, établir des Maîtres d'École dans les Paroisses, avoir soin que le Peuple même pût être instruit de l'intérêt, du lien social, des droits, des devoirs qui l'attachent à la Patrie, & acquérir les connaissances nécessaires pour vivre en bon fils, en bon mari, en bon pere, en bon administrateur dans sa famille, en bon voisin & en bon citoyen dans sa Paroisse, en bon sujet & en bon Français dans l'État?

Fin de la premiere Partie.

www.ingramcontent.com/pod-product-compliance
Ingram Content Group UK Ltd.
Pitfield, Milton Keynes, MK11 3LW, UK
UKHW012214240726
13966UKWH00003B/757